AF502745

AUX ARTISTES DE TOUTES LES ÉCOLES

LA PEINTURE

RÉDUITE

A DES PRINCIPES SIMPLES ET NATURELS

OU

GUIDE DES AMATEURS DE BEAUX-ARTS

PAR

ALCIDE GABORIAUX

> « Ceux qui jugent les arts par les règles sont à l'égard des autres comme ceux qui ont une montre à l'égard de ceux qui n'en ont pas lorsqu'il s'agit de savoir quelle heure il est. »
>
> PASCAL.

PARIS

Ve JULES RENOUARD, LIBRAIRE

6, RUE DE TOURNON

1861

LA PEINTURE

RÉDUITE A DES PRINCIPES SIMPLES ET NATURELS

OU

GUIDE DES AMATEURS DE BEAUX-ARTS

V

Paris. — Imprimerie de P.-A. BOURDIER et Cie, rue Mazarine, 30.

AUX ARTISTES DE TOUTES LES ÉCOLES

LA PEINTURE

RÉDUITE

A DES PRINCIPES SIMPLES ET NATURELS

OU

GUIDE DES AMATEURS DE BEAUX-ARTS

PAR

ALCIDE GABORIAUX

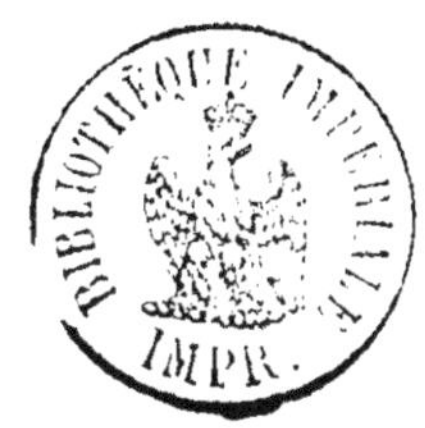

« Ceux qui jugent les arts par les règles sont à l'égard des autres comme ceux qui ont une montre à l'égard de ceux qui n'en ont pas lorsqu'il s'agit de savoir quelle heure il est. »

PASCAL.

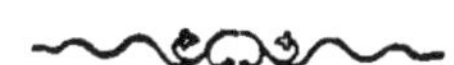

PARIS

Ve JULES RENOUARD, LIBRAIRE

6, RUE DE TOURNON

1861

INTRODUCTION

« Bien que les beaux-arts soient enfants du génie, dit M. Delaistre, et conséquemment ennemis déclarés de la contrainte, il est pourtant des règles immuables auxquelles ceux qui les cultivent ne sauraient échapper, à moins de s'écarter de la route du beau, je dirai plus, de la route du vrai. » Ainsi, il y a des règles positives et il est nécessaire de les connaître. Mais qui pourrait donc nier leur certitude et leur utilité? Que sont les règles, en effet, sinon des préceptes établis d'après les nombreuses observations de l'expérience? Or, qui oserait contester l'autorité et l'efficacité des conseils d'une longue pratique?

Mais puisqu'il y a des principes certains et nécessaires, à quoi faut-il donc attribuer le peu d'empressement, disons mieux, l'antipathie de la plupart des jeunes artistes pour l'étude théorique des beaux-arts ? Il m'a semblé en reconnaître trois causes principales que je vais signaler[1].

La première consiste dans l'aversion de quelques-uns de ceux qui embrassent la profession d'artiste pour toute étude sérieuse. Je me contente, pour le moment, d'indiquer ici cette erreur d'un petit nombre d'élèves, me réservant d'en parler un peu plus au long dans le premier chapitre.

La seconde provient des ouvrages mêmes qui traitent des règles et de la théorie. Il faut reconnaître, en effet, que la plupart présentent de graves inconvénients qui détournent les jeunes gens de les consulter. Un des plus déplorables, à mon avis, c'est de contenir des recettes plus ou moins absurbes et impraticables, qui jettent la déconsidération sur l'ouvrage tout entier, malgré les bonnes parties qu'il peut contenir ; un autre, non moins fâcheux, c'est que les livres de théories qui sont un tant soit peu complets sont ordinairement très-volumineux, ce qui rend leur prix très-élevé. Enfin, on trouve encore d'utiles conseils dans une foule d'ouvrages, mais qui sont très-rares par leur ancienneté et partant très-chers par leur rareté, et quelquefois aussi formant des suites

[1] Je n'ai pas cru devoir compter ici parmi les causes qui détournent certains commençants de l'étude théorique des beaux-arts le sot orgueil et la ridicule prétention de penser que les règles et les maîtres ne peuvent qu'entraver leur génie (quel génie débile !), d'autant mieux que le nombre en est très-restreint, et que la plupart ne tardent pas à revenir de leurs chimères quand commencent les déceptions.

d'une étendue considérable, ou bien encore, n'offrant qu'un intérêt secondaire pour l'art, vu leur direction toute spéciale pour un autre objet.

La troisième cause enfin, et qui n'est pas la moins dangereuse, résulte de la fausse idée d'un grand nombre de jeunes artistes sur le but que se propose la théorie. A les entendre, en effet, il semblerait que le but des théoriciens, en donnant des règles pour les beaux-arts, a été de suppléer en quelque sorte au génie absent, et de faire arriver à la perfection tous ceux qui mettraient leurs conseils en pratique. Il est certain que l'élève qui entreprendra la lecture d'un traité de peinture, fût-il même parfait, avec de telles espérances, sera bien vite désillusionné ; là ne sera pas le grand malheur, mais ce qu'il y aura de très-fâcheux pour lui, c'est qu'il concevra un dédain profond pour toute espèce de théories, parce qu'elles n'auront pu réaliser tout d'un coup et sans beaucoup d'efforts les espérances dorées que lui avaient peut-être suggérées les promesses trompeuses d'une imprudent conseiller. Que ne puis-je élever la voix assez haut pour être entendu de tous les jeunes artistes et leur dire, une fois pour toutes, que sans l'influence secrète, le feu sacré, ou le génie enfin, toutes les théories possibles, toutes les recettes imaginables, toutes les règles les plus incontestables sont inutiles, je dirai plus, sont dangereuses peut-être ? Si vous n'avez pas en vous l'étincelle sacrée, vous retiendrez quelques procédés, c'est possible, vous imiterez certaines pratiques que l'on vous aura enseignées, je le veux bien, mais ce sera de la même manière que cet esprit frivole ou engourdi sur lequel on a passé le léger vernis de l'instruction, et qui n'est capable de rien en dehors de ce que lui a appris son maître ; aussi, soyez bien sûr que la nature reprendra ses droits tôt ou tard dès que l'occasion se présentera favorable.

Chassez le naturel, il revient au galop.

Mais de ce que l'instruction ne peut pas remplacer l'esprit naturel, de ce que l'étude de la rhétorique ne suffit pas pour faire un orateur, en concluez-vous que les études scientifiques et littéraires sont inutiles? Non, sans doute, et vous reconnaissez, avec raison, qu'elles sont de toute nécessité ; eh bien ! pourquoi raisonneriez-vous différemment quand il s'agit de l'étude théorique des beaux-arts ? En vain diriez-vous que l'inspiration est le guide suprême. Eh ! pensez-vous donc qu'il faille moins d'inspiration pour composer un poëme, et est-il jamais venu à l'idée de personnes sensées de nier l'utilité d'une poétique?

Ainsi donc, si la nature ne vous a pas donné un tact exquis, un goût très-développé, ne vous attendez pas à ce que la théorie puisse jamais y suppléer. Sans doute, vous pourrez comprendre l'utilité des règles et sentir même tout l'à-propos et la justesse de leurs arguments; mais, croyez-moi, vous échouerez quand il s'agira de les mettre en pratique, parce que celui qui n'a pas le bon goût naturel ne saurait être choqué des fautes, même grossières, qui se trouvent dans ses ouvrages, et que la première condition pour se corriger de ses défauts c'est, avant tout, de les bien connaître.

Mais pour peu que vous ayez le sentiment du beau, alors ayez courage et travaillez avec intelligence, car, corriger les défauts et développer les qualités innées, tel est le but de la théorie et elle ne peut pas en avoir d'autre. Éviter les défauts, ou tout au moins les affaiblir, et fortifier les qualités, est-ce donc si peu de chose en vérité; et pensez-vous qu'il soit hors de propos d'apprendre par quels moyens on peut arriver à ce résultat? Or, c'est la théorie qui nous l'enseigne, car elle est le fruit des observations et l'expérience non-seulement d'une seule personne et de quelques années, mais d'un nombre incalculable d'artistes de tous les temps et de toutes les écoles.

J'ai signalé les principaux inconvénients que j'ai remarqués dans presque tous les ouvrages qui ont paru jusqu'à ce jour sur la peinture ou les beaux-arts: c'était dire que j'avais cherché à les éviter. Écrire un traité de peinture qui ne contienne rien d'impossible et par conséquent sans toutes ces recettes, plus ou moins inutiles ou dangereuses, qui fourmillent dans presque tous les ouvrages spéciaux, et réunir tous les documents nécessaires, indispensables même à tout artiste, et qui sont dispersés çà et là dans des milliers de volumes, tel a été mon but. Que les commençants qui sont toujours à la recherche de nouvelles recettes, espérant trouver dans leur emploi le secret de bien faire, que les commençants, dis-je, se tiennent donc pour avertis ; ils ne trouveront point ici ce qu'ils recherchent avec tant d'avidité. Pour cela, qu'ils prennent n'importe quel traité de peinture et ils pourront amplement satisfaire leur curiosité. Mais quand ils auront essayé toutes les combinaisons, tous les mélanges, toutes les préparations, toutes les recettes enfin, quand ils seront une fois bien persuadés qu'elles ne peuvent suppléer ni à cette facilité d'exécution que donne seule une longue pratique, ni aux études philosophiques du beau dans la nature et dans les arts, et qui peuvent remplacer, jusqu'à un certain point, la science et l'habileté, fruit ordinaire d'une grande expérience, alors j'espère qu'ils reviendront aux grands principes généraux et qu'ils sauront mieux apprécier l'utilité de ce petit traité.

Il n'est peut-être pas hors de propos, au commencement de cet ouvrage, de vous mettre en garde contre un défaut qui aurait pour résultat de rendre odieuses et souvent même de faire paraître fausses les règles et les théories les plus utiles et les moins contestées : je veux parler de cette rigidité inflexible et pédante qui ne peut supporter la plus légère contravention aux préceptes établis, et qui préfère la froide correction d'une œuvre banale, faite par compas et par mesures, à cette libre franchise, à cet abandon plein de grâce, à cette irrégularité fortuite qui sont souvent un des plus grands charmes de la nature. Sachez donc que la théorie ne peut établir que des lois générales et comme telles incontestables, mais qu'il y a une multitude de cas secondaires où l'on peut, où l'on doit même savoir s'en affranchir. C'est à l'artiste à discerner, et en cela, comme en toutes choses, l'homme de goût et de génie se distinguera toujours facilement du simple écolier. Cependant, gardez-vous aussi de tomber dans l'excès contraire et de croire que la théorie peut se plier à tous les caprices les plus bizarres, excuser toutes les plus folles fantaisies d'un cerveau déréglé.

Je n'ai rien dit de *la Perspective*, de *l'Anatomie*, de *l'Architecture*, etc. ; d'abord, parce que chacun peut aisément suivre les cours que l'on en fait dans les écoles et que tout cela fait plus spécialement partie des études pratiques ; ensuite, parce que ces études n'étant pas également nécessaires pour tous les genres de peinture, une partie de l'ouvrage devenait inutile à plusieurs classes d'artistes ; et puis enfin, il y a d'excellents traités pour chacune de ces branches des beaux-arts ; aussi me contenterai-je d'y renvoyer tous ceux auxquels ils pourraient être utiles. Je ne parlerai pas non plus de l'*Historique des beaux-arts*, bien que cette étude soit intéressante et nécessaire à tous les artistes ; mais dans la crainte de donner trop d'étendue à ce petit traité, je préfère renvoyer encore aux ouvrages spéciaux.

Je n'ai pas cherché à dissimuler l'immense emprunt que j'ai fait à plusieurs ouvrages de peinture, et en particulier au remarquable traité de M. de Montabert, un des plus complets certainement de tous ceux qui ont paru jusqu'à ce jour, et qui n'a que deux défauts, celui d'être beaucoup trop étendu (9 vol. in-8o) et d'entrer quelquefois dans des détails impossibles; aussi ne puis-je m'empêcher d'en recommander la lecture à ceux qui auront le temps et le courage de la faire.

Puisse ce petit traité répandre de plus en plus le goût des beaux-arts dans notre belle patrie, et débarrasser de quelques-unes de ses entraves les abords d'une carrière où tant de jeunes et nobles intelligences viennent se briser! Puisse-t-il aussi faire bien comprendre à tous ceux qui entreprennent ce périlleux voyage, de combien d'écueils et de fatigues ils doivent s'attendre à trouver le chemin hérissé! Si j'ai atteint mon but je croirai avoir bien mérité des arts et des artistes, et je n'ambitionne d'autres succès que ceux qu'ils pourront obtenir eux-mêmes en mettant mes conseils en pratique.

LA PEINTURE

RÉDUITE A DES PRINCIPES SIMPLES ET NATURELS

OU

GUIDE DES AMATEURS DE BEAUX-ARTS

PREMIÈRE PARTIE

I

AUX ARTISTES, AUX AMATEURS ET AUTRES

L'étude des-beaux arts intéresse tout le monde, mais les artistes, les amateurs et les gens riches plus que tous les autres encore.

Je dirai donc aux jeunes artistes :

Étudiez les beaux-arts et tout ce qui s'y rattache; n'est-il pas honteux pour vous, en effet, d'ignorer ce qui concerne votre art, et de recevoir des leçons de personnes qui y sont étrangères? Soyez bien convaincus que les artistes ont une des plus belles et des plus nobles missions qu'il ait été donné à l'homme de remplir sur la terre : celle de rappeler sans cesse la beauté et la grandeur de Dieu dans ses œuvres, à ceux qui pourraient être tentés de l'oublier et de les méconnaître. « Les vers d'Homère, les statues de Phidias, les peintures de Raphaël, dit avec raison M. T. Gautier, dans *l'Art moderne*, ont plus élevé l'âme que tous les traités des moralistes. Ils ont fait concevoir l'idéal à des gens qui d'eux-mêmes ne l'auraient jamais soupçonné, et introduit cet élément divin dans des esprits jusque-là matériels. » Étudiez donc les principes des beaux-arts; car, plus que tous autres, vous devez en connaître les règles, afin de pouvoir les mettre en pratique. « Lisez l'histoire de l'art et celle des artistes, dit Gesner. Cette lecture étend le cercle de nos connaissances; elle nous rend attentifs aux différentes révolutions arrivées dans l'empire des arts, elle porte ceux qui les exercent à s'occuper plus fortement de ce qui doit être leur objet principal. » Mais si vous n'aimez pas votre art et tout ce qui s'y rattache, si votre pensée n'est pas sans cesse occupée d'y rapporter tout ce qui se présente à elle; « si, comme dit M. T. Gautier dans *l'Art moderne*, vous ne jouissez pas du sixième sens, si vous ne possédez pas ce que Boileau appelait l'influence secrète, si vous n'avez pas la bosse enfin, quoique non bossus, cherchez quelque honnête métier, quelque emploi lucratif; mais, croyez-m'en, ne passez jamais votre pouce dans le trou d'une palette; ne vous servez du papier que pour faire des factures ou des quittances, et gardez-vous de laisser tomber vos doigts sur l'ivoire d'un clavier, car vous n'êtes, ne fûtes et ne serez jamais que ce que les étudiants allemands appellent un *philistin* et les artistes français un *bourgeois*. Les arts ont cela d'admirable et de particulier, que l'esprit le plus lucide, le raisonnement le plus juste, joints à l'érudition la plus vaste et au travail le plus opiniâtre, ne servent à rien quand on n'a pas le sixième sens. Ceci ne veut pas dire que les gens doués ne doivent pas étudier, mais que l'étude est parfaitement inutile à ceux qui ne le sont pas.... Tout homme qui n'a pas son monde intérieur à traduire n'est pas un artiste. »

« Soyez bien persuadés, dit M. Bouvier, dans son *Manuel de peinture*, que la profession d'artiste n'est pas un métier de paresseux, et qu'il n'y a que du plaisir à prendre; c'est au contraire celle qui demande peut-être le plus d'activité, car on est constamment occupé, si ce n'est de l'art en soi-même, c'est au moins du matériel de l'art.

« Tous les vrais artistes vous diront que si l'art de la peinture n'était pas en lui-même rempli de charmes, comme il l'est en effet pour tous ceux qui le professent avec amour, il serait un métier très-pénible, tant il y a de précautions à prendre, de choses à calculer, à prévoir et à préparer indépendamment du temps considérable qu'il faut y consacrer pour l'art même, si l'on veut faire quelque progrès.

« Joignez à tout cela qu'il faut, pour ainsi dire, ne pas négliger un seul jour de manier les crayons ou les pinceaux, afin d'entretenir constamment l'adresse de la main et la justesse du coup d'œil; sans quoi l'on se rouille promptement. Dans ses délassements mêmes, dans l'exercice qu'il prend pour l'entretien de sa santé, dans ses promenades, un peintre est toujours occupé des objets qui frappent sa vue; il en étudie les formes, les mouvements, la couleur et les détails, ainsi que les beaux effets de lumière et d'ombres ; son esprit et ses yeux sont toujours occupés de son art. Il faut de plus qu'il consacre aussi un certain temps à son instruction, à l'étude, à la lecture ; tout cela remplit la vie d'une manière agréable et détourne bien des jeunes gens des chemins qui mènent aux vices ; mais il n'est pas moins vrai qu'il n'y a pas de profession où il faille mettre le temps mieux à profit.

« ..... Je sais bien que dans presque tous les états, quand on veut s'y distinguer, il faut y consacrer tous ses moments et presque toute sa vie. Mais j'ai entendu dire à tant de gens peu réfléchis qu'ils enviaient bien l'état d'un peintre, qui ne fait jamais rien que d'agréable, et dont toute la vie se passe ainsi sans prendre la moindre peine, sans faire le moindre effort, en un mot, qui ne fait toujours que s'amuser en travaillant, que j'ai voulu les désabuser en leur faisant un tableau fidèle de la vie active et constamment occupée qu'il est appelé à mener. »

Enfin, conservez toujours le noble désintéressement dont vous avez si souvent donné des preuves ; mais pour cela sachez bien que dans les beaux-arts il y a deux obstacles à surmonter pour le jeune artiste : le premier, c'est de bien faire, et le second de trouver des amateurs pour ses ouvrages ; le premier est très-difficile à vaincre et le second plus difficile encore que le premier. Aussi celui qui se consacre à la peinture doit-il dire adieu à toute pensée de gain et de spéculation, et avoir, sinon de la fortune, du moins une modeste aisance ; car si le besoin donne quelquefois du génie, plus souvent encore il le détruit.

Aux amateurs je dirai aussi :

Vous à qui la fortune a accordé ses faveurs, et qui,

plus heureux que la plupart des artistes, n'êtes pas obligés de lutter avec le besoin, et de dépenser dans des efforts souvent stériles tout le courage et le génie que réclamait l'exécution d'une grande œuvre, songez que vous avez une immense responsabilité, car c'est vous surtout qui avez la haute direction des beaux-arts. Riches amateurs, c'est vous qui, par votre position indépendante dans la société et par la réputation de savoir artistique que vous y avez acquise, êtes plus capables que personne de fixer le bon goût public; amateurs influents, qui, par votre toute-puissance et vos dignités, imposez votre goût à tout votre entourage, songez à l'obligation, je dirai plus, au devoir qui vous est imposé par votre position sociale. Non, ce ne sont pas les artistes, malgré toute l'indépendance qu'ils peuvent mettre dans leur travail, et tout leur désintéressement si connu et si bien mérité, qui peuvent diriger le bon goût public; non, ce ne sont pas eux, mais bien vous qui leur tracez la voie : c'est donc à vous qu'il faut s'en prendre si les arts dégénèrent. Mais je ne terminerai pas sans vous féliciter, au nom des arts et des artistes, pour le noble emploi que vous faites de votre fortune et de votre influence. A vous je dirai donc courage, si une pareille exhortation était nécessaire quand on a une fois goûté les plaisirs purs et toujours nouveaux de l'intelligence. Continuez, modernes Mécènes, la noble mission qui vous a été confiée; mais, pour la remplir avec justice et utilité pour les arts et les artistes, apprenez à connaître les règles qui doivent servir à vous diriger.

Enfin à ceux que les beaux-arts trouvent indifférents je dirai encore :

Avez-vous bien pu croire que de riches appartements, de superbes chevaux, de brillantes livrées, une table somptueusement garnie, que la vie matérielle enfin, suffisait pour vous élever à la dignité d'homme intellectuel, comme dit M. Topfer. Eh quoi ! c'est vous, hommes positifs, pour ne pas employer l'expression trop énergique de l'auteur des *Nouvelles genevoises* [1], c'est vous qui portez si haut la tête. Oubliez-vous donc que si Dieu a commandé à l'homme de lever le front vers le ciel,

« Os homini sublime dedit, cœlumque tueri jussit, »
(Ovide.)

c'est afin qu'il se rappelle sans cesse qu'au-dessus de la terre, qu'il foule aux pieds, se trouve l'intelligence suprême, qui est le but vers lequel doivent tendre tous ses efforts, et qu'il ne peut pas y avoir pour lui de plus sublimes jouissances que celles qui procèdent de l'esprit et du cœur, et qui sont comme une possession anticipée de celles plus pures et plus célestes encore qui l'attendent dans l'avenir. Hommes du monde, riches de la terre, brisez donc les liens

[1] « Au delà du tact, de la vue, de l'ouïe, de l'odorat, dit M. Töpfer, il existe une perception des choses naturelles qui ne se rapporte à aucun de ces sens. Ce sixième sens se sert des autres comme d'humbles esclaves : lui assigner une place certaine est difficile ; il réside peut-être dans le cerveau, mais qui pourrait l'affirmer ? — Les animaux en sont privés et beaucoup d'hommes aussi, car l'homme se divise en trois classes : l'homme végétatif, l'homme animal, l'homme intellectuel. Plusieurs, très-braves gens du reste, voient la nature comme l'arbre voit le ciel, ou comme le mouton voit le pré. »

d'argent qui compriment votre intelligence, et qu'on ne puisse pas dire de vous, comme ceux dont parle le psaume : « *Ils ont des yeux et ils ne voient point*, » ils ont une intelligence et ils ne s'en servent que pour augmenter leur bien-être matériel. Songez-vous aussi que si Dieu vous a donné la fortune et plus qu'à beaucoup d'autres les moyens de développer l'essor de votre esprit, vous n'en êtes que plus coupables si, loin de chercher ce qui peut l'élever et l'ennoblir, vous n'employez votre opulence qu'à le comprimer et l'abrutir?

Mais à quoi bon ces recommandations inutiles ? Ce ne seront certainement pas les hommes matériels auxquels je m'adresse qui liront ces lignes, mais bien plutôt ceux plus éclairés dont je parlais tout à l'heure, et qui font appel à tous les beaux-arts pour charmer leurs loisirs et employer utilement leurs richesses. Et cependant ce sont surtout ceux-là auxquels je tiendrai le plus à faire connaître le beau qu'ils coudoient tous les jours dans la nature et dans les œuvres d'art sans même s'en douter; mais, comme il arrive presque toujours, ce sont précisément ceux qui en ont le plus grand besoin qui n'en profitent pas; aussi est-ce à vous, artistes et amateurs, de leur faire apprécier par vos œuvres et vos paroles tout le charme qu'ils trouveront dans les beaux-arts et la nécessité pour eux aussi d'apprendre à en connaître les règles.

II

DES ATELIERS ANCIENS ET MODERNES

« De toutes les méthodes adoptées pour l'enseignement du dessin et de la peinture, dit M. Delaistre, (*Discours sur l'enseignement du dessin et de la peinture*), la meilleure, à notre avis, serait de n'en avoir aucune de positive et qu'il fût possible que l'on recherchât celle qui conviendrait le mieux à chaque intelligence, ou plutôt que, pour chaque disciple, on en composât une spéciale : tant ce qui est favorable à l'un est souvent contraire à l'autre; tant les caractères sont variés et les moyens didactiques peu capables de se prêter à toutes les imaginations, de satisfaire à toutes les exigences. » Ces réflexions me semblent parfaitement justes; aussi me permettrai-je de critiquer la marche suivie de nos jours dans les écoles et les ateliers de peinture. N'allez pas croire pourtant que mon intention soit de demander de bien grandes innovations, et que je vais proposer moi aussi un plan d'étude de ma façon. Loin de là, je ne fais des vœux que pour le retour aux très-anciennes méthodes qui étaient mises en pratique du temps des Raphaël, des Titien, des Rubens et autres maîtres célèbres que l'on vous propose tous les jours comme modèles. Une chose étrange, en effet : c'est que, d'une part, tout le monde est d'accord pour reconnaître qu'en général les artistes anciens étaient supérieurs à ceux d'aujourd'hui, et cela malgré les progrès que l'expérience a apportés dans le matériel de la peinture; d'autre part, on n'est pas moins unanime pour avouer qu'autrefois l'enseignement ne ressemblait en rien à celui que l'on a adopté de nos jours; eh bien, chose étrange, je le répète, cela n'empêche pas que maîtres et élèves persistent à suivre la routine des écoles académiques. Il en résulte qu'après avoir subi pendant dix ans un pareil mode d'enseignement, l'élève sait faire à peu près bien une figure académique de routine, il est vrai, mais il est généralement incapable de disposer et d'exécuter convenablement un tableau. Aussi, qu'est-il arrivé? c'est qu'un grand nombre, reconnaissant l'insuffisance de l'enseignement, se sont jetés dans un parti extrême et ont complétement abandonné maîtres et ateliers, inconvénient plus grand encore pour l'élève qui se prive ainsi de conseils, d'émulation et d'exemples souvent nécessaires. Cependant je n'ignore pas que plusieurs artistes distingués sont parvenus à une grande renommée, sans avoir jamais suivi la marche ordinaire des écoles et guidés seulement par leurs propres recherches et les inspirations de leur génie. Mais si cette méthode peut être profitable et même nécessaire pour certains esprits hors ligne et qui ont besoin de marcher sans lisières, combien ne s'en trouverait-il pas auxquels elle serait nuisible et qui feraient fausse route en s'écartant de la voie ordinaire et toute tracée; d'ailleurs, qui peut se flatter d'avoir du génie?

Quel était donc autrefois le mode d'enseignement de tant de maîtres illustres dont nous admirons tous les jours les chefs-d'œuvre? Il était bien simple, tellement simple et naturel que les personnes étrangères à la peinture croient même que cela se pratique encore ainsi de nos jours. En deux mots, le voici : dès que l'élève était à même de dessiner un peu correctement d'après nature, et qu'il connaissait suffisamment le mélange des couleurs et le maniement de la brosse, le maître l'employait d'ordinaire, soit à l'ébauche de ses tableaux, soit même à en peindre entièrement certaines parties, qu'il n'avait plus qu'à signer de quelques touches magistrales. D'autres fois, et cela devait avoir lieu le plus souvent, l'élève entreprenait lui-même un petit tableau de sa composition, et il l'exécutait sous les yeux et la direction du maître, qui lui fournissait tous les accessoires nécessaires. De cette manière, le jeune homme variait ses travaux, il étudiait avec plaisir et il devenait habile artiste sans même s'en apercevoir, pour ainsi dire. Quelquefois, lorsque la réussite avait été complète, le maître, désintéressé comme un père pour ses enfants, trouvait un amateur qui, pour encourager le jeune artiste, lui achetait sa toile. Mais n'allez pas croire qu'à partir de ce moment l'élève, se croyant assez fort pour voler de ses propres ailes, abandonnait l'atelier pour se livrer à toutes les folies de son caprice. Non, il n'en était pas ainsi; loin de là, le jeune artiste n'en montrait que plus d'ardeur et d'assiduité à le fréquenter et à suivre les conseils du maître. Dans ce temps-là, et on doit le comprendre d'après ce que je viens de dire, on pouvait rester longtemps, très-longtemps même à l'atelier, travaillant sous l'œil vigilant d'un mentor qui s'intéressait aux œuvres de ses élèves comme si c'eût été les siennes propres. Mais c'est qu'alors le travail était agréable, sans en être moins utile pour cela. Pourquoi le jeune homme aurait-il abandonné l'atelier en effet? Qu'aurait-il fait de plus ailleurs? Rien sans doute, et il se serait privé des conseils toujours utiles de l'expérience. Un autre avantage qui résultait des rapports bienveillants et continuels qui existaient entre le maître et l'élève, c'était un grand attachement réciproque, beaucoup de sollicitude de la part du maître pour les progrès de ses élèves, et une entière confiance de la part de ceux-ci pour celui qu'ils considéraient bien plutôt comme un père que comme un professeur.

Que l'on compare ce mode d'enseignement à celui qui est suivi de nos jours dans les ateliers et les écoles; quelle différence ! l'élève y resterait-il vingt ans qu'il ferait toujours, ou à peu près, la même figure académique, sauf quelques variantes dans la pose, les carnations, le sexe et l'âge. Aussi, qu'arrive-t-il? c'est qu'après plusieurs années d'études pareilles, et ne voyant pas trop à quel but cela le mène, mais continuant quand même parce que son professeur lui a dit qu'il ne saurait jamais trop en faire, il travaille avec nonchalance et dégoût, et vient un moment où, après s'être créé une manière de peindre, une couleur de carnation, un type de figure à lui, il reproduit toujours le même modèle qu'il soit brun ou blond, clair ou foncé, grand ou petit. A partir de ce jour, son sort est décidé; revenez dans vingt ans, et s'il est encore à l'atelier, soyez bien sûr qu'il fera toujours le même *bonhomme*. Ajoutez à cela que le professeur ne vient voir ses élèves qu'une fois par semaine, deux fois quand il fait du zèle (eh mon Dieu, je ne le blâme pas, que viendrait-il faire plus souvent, en effet?) et que sa correction se borne à dire, ce qui doit être du reste : ceci est trop petit et cela trop grand ; ceci trop clair, cela trop foncé, et autres remarques analogues et aussi instructives.

Un autre avantage enfin, attaché à la méthode ancienne, c'est que le jeune homme voyait de suite s'il avait des chances de succès ou non et dans quel genre il était surtout capable d'exceller. Peut-il en être ainsi aujourd'hui, et n'a-t-on pas tous les jours la preuve du contraire? Quel est l'artiste qui n'a pas vu des élèves gâter complétement de belles figures académiques qu'ils venaient de faire, en y ajoutant un simple bout de draperie ou un fond de paysage? Que serait-ce donc s'ils avaient entrepris un tableau complet? D'où cela peut-il provenir? Est-ce manque de goût naturel ou bien faute d'expérience? Si c'est manque de goût, il serait à désirer qu'ils abandonnassent la peinture au plus tôt; mais comment pourront-ils s'en convaincre s'ils ne sortent pas de leurs figures académiques? Si au contraire c'est faute d'expérience, pourquoi ne la leur donne-t-on pas? Croit-on, par exemple, que la composition d'un tableau et son exécution soient choses si faciles que l'on puisse se passer d'en faire l'étude? Et celle du clair-obscur, des oppositions de couleurs qui, comme l'on verra, peuvent détruire les plus belles teintes (ce qui fait qu'un élève ne peut pas se dire coloriste parce qu'il se sera montré tel dans une figure seule et isolée), celle des draperies, des natures mortes et de mille autres accessoires enfin qui entrent dans l'ordonnance d'un tableau, pensez-vous qu'il soit inutile de s'en occuper?

De tout ceci que doit-on conclure? Qu'il ne faut pas fréquenter les ateliers? Non sans doute, tels qu'ils sont et malgré leurs imperfections, ils sont encore très-utiles et même indispensables. Mais il est à désirer que les professeurs modifient considérablement le mode d'enseignement, et s'ils tardaient trop, alors ce serait aux élèves à prendre l'initiative. Il y a du reste bon nombre de peintres distingués qui reconnaissent l'utilité d'une réforme et qui ne demandent pas mieux que de seconder les jeunes artistes dans cette entreprise.

III

DU JUGEMENT DES ŒUVRES D'ART

J'emprunte à M. Sutter (*Philosophie des beaux-arts*) les lignes suivantes au sujet de l'appréciation des tableaux et autres objets d'art en général :

« Un caractère violent aime un clair-obscur heurté, la fierté dans les lignes et la couleur ; une humeur bouillante et bizarre aime le désordre, l'échevelé ; un mélancolique les tons tristes, les ciels nébuleux, les couleurs sans éclat ; le sanguin, au contraire, voudra voir de la lumière, du brillant partout. L'un se plaira à voir du rouge, l'autre du vert, un autre du bleu et chacun fera consister la perfection dans la qualité qui aura su faire naître sa sympathie.

« Les préférences n'ont donc pour fondement que la constitution différente des personnes, et ces observations prouvent infailliblement la propriété des modes, puisqu'ils sont capables d'exciter dans l'esprit et dans l'âme des sensations si diverses.

« Ce prétendu axiome : *Vox populi, vox Dei*, qui est souvent mis en avant lorsqu'il s'agit du goût et du jugement en matière d'art, est complétement faux, car si la multitude prévalait contre le bon sens, les œuvres qui seraient reconnues excellentes par les hommes instruits et compétents seraient estimées inférieures aux plus vulgaires, puisque celles-ci auraient pour admirateurs tous les ignorants dont le nombre supasse infiniment celui des savants.

« Il faut donc distinguer ce qui est de pure inclination de ce qui s'appuie sur des principes certains.

« Ceux qui jugent du mérite d'un tableau à l'aide du sentiment naturel ne peuvent dire qu'une seule chose : ce tableau me plaît, ou il ne me plaît pas, sous peine de montrer leur ignorance. Mais celui qui juge d'après les règles saura discerner si le mode est en harmonie avec le sujet représenté ; si le dessin, la perspective aérienne, le coloris, la distribution des ombres et des lumières ont été bien observés; si l'application en a été faite avec goût, avec facilité. Dire: ce tableau n'a pas toutes les beautés que comporte le sujet, est un jugement qui n'appartient qu'aux esprits les plus distingués.

« Les beaux-arts ayant pour objet la représentation de la nature, on les juge par comparaison. Pour porter un jugement, il faut examiner les rapports qui existent entre ce qui a été fait et les idées qui sont en nous; aussi, pour en reconnaître les principales fautes d'exécution, faut-il avoir compris toute l'étendue de l'art, ce qui n'est accordé qu'à de rares esprits.

« Un autre genre de comparaison, qui tient seulement au goût, est celui qui résulte des impressions que produisent en nous les ouvrages de différents auteurs. Par exemple : nous voyons une sainte famille d'André del Sarte qui nous plaît; nous en voyons une de Fra-Bartholomeo qui ajoute à notre plaisir; le goût s'élève avec le sentiment de l'auteur; et lorsque nous sommes devant une sainte famille de Raphaël, il nous semble que l'on ne peut pas atteindre plus haut. Notre goût reste alors au même degré où l'a porté le génie de l'artiste, et ce degré de sentiment sera notre règle pour juger les tableaux du même genre.

« Si nous regardons le moins parfait des tableaux représentant une descente de croix, jusqu'à ce que nous arrivions à celui de Daniel de Volterre, nous aurons remarqué : dans l'un des hors-d'œuvre qui détournent du sujet principal; dans l'autre une affectation qui refroidit; dans celui-là un décousu dans la mise en scène; tandis que le tableau de Daniel de Volterre présente une action qui est une, déterminée, et qui marche presque seule et sans art, tant les règles ont été bien observées. La beauté de son sujet élève l'âme sans la distraire, l'expression des personnages remplit l'âme de tristesse et cette tristesse nous captive et nous plaît.

« Le degré de sentiment que ce tableau aura fait naître en nous servira de point de comparaison pour un jugement à porter sur un sujet de même nature, et si un génie supérieur était assez bien inspiré pour y ajouter quelque beauté, le goût, en s'élevant, deviendrait plus exquis.

« Faisons un pas de plus et tâchons d'approcher de ce beau idéal qui est la loi suprême. Voyons les plus belles toiles de Raphaël, du Corrège, du Titien. Nous sommes touchés du sentiment, de la pureté de Raphaël, de la grâce et de la force du clair-obscur du Corrège, de la variété et de la vérité du coloris du

Titien, et si nous étions doué d'un génie supérieur à ces maîtres, nous pourrions faire dans notre esprit un heureux mélange de ces qualités diverses et nous former un modèle idéal supérieur à tout ce qui est. C'est de cette façon que Zeuxis conçut l'idéal de sa Vénus.

« A force de voir les œuvres des grands maîtres, on se forme insensiblement sur ce qu'on a vu et l'on s'approprie le modèle sans y songer. Chacun fait, selon la portée de son intelligence, de son sentiment, l'application des lois de la nature, et plus on les portera loin, plus le goût aura de finesse et d'étendue. C'est le lieu de faire remarquer que le Poussin, seul et sans autre maître que les antiquités de Rome, sut trouver les règles les plus relevées de l'art, tandis qu'elles restèrent ignorées de ses émules.

« Les sentiments individuels sont si différents, qu'on voit chaque artiste interpréter la nature à sa manière. Quelques-uns n'ont vu que le contour des objets; d'autres le clair-obscur; ceux-ci la couleur; et chacun, tout en demeurant inébranlable dans sa manière, est resté inexorable pour toute interprétation en dehors de ses facultés.

« La raison de ces antipathies réside tout entière dans une sorte d'inaptitude à percevoir certaines règles. Le génie particulier à chaque artiste lui fait attacher de l'importance à telle ou telle partie de l'art qui fixe son talent, et nous n'avons pas encore vu un génie assez puissant pour les posséder toutes à un même degré pratique. »

Nous allons terminer ce chapitre par quelques réflexions détachées, que je recommande spécialement à l'attention des élèves et des amateurs.

*
* *

Assez souvent on vante à tort le bon coloris de certains tableaux jaunis par le temps, parce que l'on confond coloris et clair-obscur, car c'est ce dernier seul qui apparaît et qui reste véritablement, puisque le coloris a disparu sous le vernis monochrome.

*
* *

Le véritable artiste doit être plutôt frappé au premier aspect d'un bon tableau ou autre objet d'art, par les beautés qu'ils renferment, que par leurs défauts, mais pas au point cependant de ne pas en être également choqué. Que penser, en effet, de celui qui ne serait surtout impressionné que par les laideurs de la nature?

*
* *

« Le mérite de beaucoup de tableaux, dit M. de Montabert (chap. CCXXIV), consiste dans le pinceau. C'est ce pinceau net et coulant qui, en fait de peinture, comme les phrases coulantes en fait de littérature, donnent à l'ouvrage l'air d'un chef-d'œuvre. C'est la conduite séduisante des ombres sur les objets particuliers, conduite souvent plus idéale que vraie, plus arbitraire que naturelle et savante; c'est l'ensemble enfin, souvent fort ingénieux, de tous ces à peu près séduisants pour le vulgaire et les amateurs peu instruits des grands principes des arts. »

*
* *

En général, il n'y a pas de si mauvais tableaux qui

n'aient quelques qualités, et parfois même ils contiennent des enseignements que nous chercherions en vain dans les œuvres les plus remarquables. C'est ce qui explique la conduite, en apparence si étrange, de certains maîtres qui n'ont pas dédaigné de s'arrêter pour examiner attentivement et avec sérieux des ouvrages on ne peut plus contraires à toutes les règles. Ne soyons donc pas plus fiers et plus dédaigneux que les hommes de génie.

*
* *

Quand donc n'y aura-t-il plus de gens, même instruits, qui croiront que les peintres font leurs ouvrages de pure imagination et sans se servir de la nature? — A vrai dire, s'ils ont vu certains tableaux, comme il en paraît tous les jours, ils sont peut-être beaucoup plus excusables qu'on ne pourrait le croire au premier abord.

*
* *

Celui qui ne possède que l'exécution sans les autres parties de l'art n'est qu'un ouvrier plus ou moins habile; celui qui n'a que les qualités de la composition, dans l'acception la plus étendue du mot, est seulement un philosophe; celui-là seul qui possède les deux qualités réunies peut se dire véritablement artiste.

*
* *

« Les beautés régulières, nobles, sévères, ne sont pas les plus recherchées par le vulgaire. Si on représente une ou deux fois *Cinna*, on joue trois mois *les*

Fêtes vénitiennes. Un poëme épique est moins lu que des épigrammes licencieuses : un petit roman sera mieux débité que l'*Histoire* du président de Thou. Peu de personnes font travailler les grands peintres; mais on se dispute des figures estropiées qui viennent de la Chine et des ornements fragiles. On dore, on vernit des cabinets, on néglige la noble architecture. Enfin, dans tous les genres, les petits agréments l'emportent sur le vrai mérite. » (VOLTAIRE.)

***

« C'est au temps seul à confirmer la réputation des grands ouvrages. Les artistes ne sont bien jugés que quand ils ne sont plus. » (ID.)

***

« Ce qui aujourd'hui détruit cet empire que toute scène doit avoir sur le spectateur, c'est cette affreuse routine que nous connaissons sous le nom de *chic*, c'est le mot qui remplace celui de *convention;* l'artiste qui s'habitue à cette manière trompeuse croit s'être rendu maître de la vérité, tandis qu'il s'éloigne chaque jour, sans s'en douter, de toute simplicité. En ménageant le noir et le blanc de manière à frapper l'œil, il fait un repoussoir quelconque, une tête quelconque, un sujet quelconque; tout cela est secondaire; c'est de l'effet qu'il te faut..... et il t'en donne, bon public, pour ton argent. Mais de poésie, aucune..... de sentiment, pas davantage..... de pensée, il n'y songe pas plus que toi. Tu veux de l'effet..... et il te donne de l'effet, rien que de l'effet ! Puis, la main de notre peintre s'habituant à ce joli petit métier, il nous représente de routine toujours les mêmes petits tons, toujours la petite composition habituelle, et l'idole chérie qu'enfanta l'habitude se trouve toujours dans sa pensée. Il ne sent plus le mérite de la vérité. Il ne cherche plus. Il ne saurait exprimer le caractère de son modèle, car il en a perdu le pouvoir. Il a cru s'affranchir de la servitude de l'imitation en devenant esclave du procédé! » (DE LA ROCHENOIRE.)

*
* *

Il y a des prétendus connaisseurs, et même des artistes, qui trouvent tout mauvais et pitoyable dans les musées et les collections de tableaux, sans doute afin de faire croire qu'ils sont capables de beaucoup mieux. Mais ne croirait-on pas plutôt entendre ces hypocrites qui ne peuvent supporter la moindre peccadille chez leurs voisins, et qui pensent élever d'autant plus leurs mérites qu'ils rabaissent davantage celui des autres?

IV

RÉALISME ET IDÉALISME

Une grande question a été soulevée il y a déjà bien des siècles parmi les artistes, et personne encore jusqu'à ce jour, que je sache du moins, ne l'a tranchée d'une manière satisfaisante. Bien des voix pourtant se sont élevées pour et contre, bien des écrivains habiles, bien des philosophes éclairés ont entassé volumes sur volumes; mais tous leurs efforts, loin d'apporter la lumière, n'ont fait qu'embrouiller la question, si bien qu'aujourd'hui on s'entend moins que jamais, et que les deux camps opposés sont tombés dans les deux extrêmes et se lancent mutuellement des anathèmes, qui heureusement sont sans aucun danger.

Le lecteur a déja compris, sans doute, que je voulais parler des réalistes et des idéalistes, c'est-à-dire de ceux qui ne veulent trouver le beau que dans la nature telle qu'elle se présente à nos yeux, sans distinction, ou dans la beauté optique; et de ceux enfin qui ne cherchent que la satisfaction de l'esprit et pour lesquels l'imitation de la nature n'est qu'un moyen que beaucoup trop considèrent comme accessoire seulement.

Certes, si je pensais que des études bien approfondies et qu'une longue expérience de la peinture fût nécessaire pour vider une pareille question, je déposerais bien vite la plume, abandonnant à de plus habiles et de plus experts le soin de trancher ce nœud gordien; mais c'est précisément parce que des hommes de la plus haute érudition n'ont pu y apporter la moindre lumière que je crois inutile que de nouveaux savants viennent ajouter citations à citations, doctrine à doctrine. Dans un pareil cas personne, je crois, n'est plus capable de trouver la vérité, s'il est donné à l'homme de la connaître, que le paysan du Danube du bon la Fontaine, ou à son défaut le simple petit bon sens. C'est uniquement parce que j'ai foi en cette croyance que j'entreprends, non pas de trancher complétement une question aussi subtile, mais du moins de donner quelques aperçus qui seront peut-être comme autant de bonnes inspirations que je laisse aux gens plus compétents le soin de développer et de faire valoir.

Et d'abord, suffit-il de copier exactement la nature pour obtenir le plus haut degré de beauté possible?

Pour répondre à cette question qui, comme l'on sait, est si controversée, il faut examiner quel est le but de la peinture. Évidemment de produire sur les yeux et sur l'esprit du spectateur l'impression, assez forte pour émouvoir, que désire lui communiquer l'artiste. Or, il faut remarquer deux choses : la première, c'est que la forme ne peut se produire sans l'idée, pas plus que l'idée sans la forme. En sorte que chaque objet dans la nature est susceptible de produire, quel qu'il soit d'ailleurs, une impression qui lui est propre; la seconde, c'est que l'artiste communique à tout ce qu'il fait une partie du sentiment qui l'anime, une partie de son caractère ou de son âme enfin, si je puis m'exprimer ainsi. Il résulte de là que lorsque le peintre transporte sur la toile un objet pris dans la nature, *quel qu'il soit*, il communique à l'idée inhérente, pour ainsi dire, à cet objet, une teinte (passez-moi l'expression) du sentiment qui lui est personnel; en sorte que cet objet, qui pouvait être-très peu intéressant dans la nature, prend, en passant par l'esprit de l'artiste, un ou plusieurs degrés d'intérêt de plus qu'il ne possédait. Le peintre met donc son imagination à contribution et transforme, selon ses impressions, le sujet qu'il traite, quel qu'il soit d'ailleurs. Aussi, dit M. Mazure (*Paysage*, *Dieu*, *la nature et l'art*) : « Sans le secours de l'imagination il est impossible de peindre, en artiste, la réalité. Si l'on ne procède que par la voie des patients efforts, on n'arrive pas, le daguerréotype lui-même y échoue. Le soleil, dérogeant de sa grandeur et devenu ouvrier photographe, remplit sa tâche avec une conscience admirable ; il ne s'inquiète ni du discernement, ni du choix, ni du laid, ni du beau ; il met à son œuvre un scrupule fatal. Pourtant il oublie quelque chose ; il ne sait pas que, s'il eût appris comme artiste, il aurait eu des aspérités à adoucir, des laideurs à repousser, des circonstances à choisir, des plans divers et gradués à établir, l'accessoire à subordonner à l'essentiel ; enfin il oublie ce qui est la vie, il s'oublie lui-même, ce soleil dessinateur, dans ce qui fait sa puissance et sa beauté ; car ce roi des couleurs, qui les dispense d'une manière si prodigue à toute la nature, il ne les emploie pas dans son œuvre, il ne saurait fixer sa lumière et en remplir les profonds horizons. Si la nature, lorsqu'il lui plaît de peindre elle-même, se reproduit si infidèlement, comment pensez-vous que l'art le plus réaliste y puisse réussir?

« C'est une chose reconnue que les peintres qui ont imité la nature d'une façon trop exclusive, qui ont le plus aspiré aux succès du trompe-l'œil, qui ont exprimé les reliefs de manière à s'approcher des récentes inventions de l'optique, qui, au lieu d'aller directement à la haute beauté, ont mis l'habileté de la main à la place du génie absent, que ceux-là ne sont pas parvenus à se faire un de ces noms que la gloire consacre. La perfection d'un Denner à peindre les plus légers détails du visage humain ne lui a pas permis de prétendre, dans le portrait, à la célébrité dont jouissent ceux des maîtres chez qui la peinture, moins matériellement exacte, possède au plus haut degré la vie, l'âme, l'idéal ; pour ceux-ci l'admiration, traversant les pays et les âges, est universelle.

« Croyez-le bien, quand vous exprimeriez dans la plus entière exactitude les aspérités de la peau, les veines, les cheveux, le poli des ongles, les moins sensibles méplats; et, dans le paysage, les rugosités de l'écorce, les écorchures du terrain, les feuilles des arbres avec leurs dentelures, l'aile des moucherons, mille détails imperceptibles, votre peine courra risque d'être perdue, *infelix operis summa*, si vous avez négligé ce qui attire dans la toile, ce qui fait rêver et penser, ce qui fait que l'on palpite et que l'on aime. Si la vie n'y est pas, je dirai à votre œuvre : Copie, que me veux-tu? et j'aurai raison de lui parler ainsi; car si je possède l'original, qui est autrement grand, qu'aurai-je besoin de votre image si imparfaite? Vous aurez manqué le but, non pas en le dépassant, comme il arrive parfois au génie, mais en restant beaucoup en deçà; votre flèche lancée n'arrivera pas. Dans cette œuvre impuissante on cherchera vainement ce qui constitue la beauté éminente de l'art, le souffle divin, le *spiritus intus*, que l'artiste ne saurait fixer sur la toile, à moins de traverser la nature et d'aspirer au delà. »

Plus loin le même auteur ajoute : « Peintres, qui que vous soyez, héroïques ou familiers, peintres de l'homme ou peintres de paysage, vous ne sauriez vous passer de l'imagination. En vain le réalisme, l'école de l'imitation pure et simple, y résiste, n'admettant rien au delà du fait, ne sachant pas comment le réel, après avoir été fidèlement observé, se transfigure par l'idéal. Réalistes, vous qui voulez plaire et qui y parvenez parfois, vous êtes poëtes, et malgré vous peut-être. Dure nécessité! Je vous plains, mais qu'y faire? Vous êtes condamnés à la poésie. »

Qui n'a pas été frappé, en effet, du charme que l'on trouve dans la peinture d'une simple vache dans la prairie, d'un pont à moitié écroulé, d'animaux qui traversent un gué et de mille autres objets enfin que nous voyons tous les jours dans la nature et auxquels nous n'avions même pas pris garde? La preuve que ce n'est pas seulement la vérité de l'imitation que l'on admire, c'est que ces mêmes objets naturels, et par conséquent bien plus vrais, attirent à peine notre attention. Comment expliqueriez-vous cet étrange phénomène, si vous n'admettiez pas que l'artiste communique réellement une partie de lui-même à son ouvrage?

« Du reste, dit avec raison M. Burger (*Musées d'Amsterdam et de la Haye*), il n'y a rien de moins réel que la *réalité* en peinture. Ce qu'on appelle ainsi dépend de la *manière de voir* des individus; car toutes les combinaisons de l'effet que peut produire un corps quelconque sont dans la nature, et dans ces combinaisons, infiniment diverses, on voit plus ou moins ceci ou cela, selon son imagination intérieure. Les artistes vraiment doués de la faculté poétique ont des manières de voir très-particulières. Ce que Léonard a vu dans la *Joconde*, personne ne l'y eût vu sans doute. Tous les peintres de la renaissance se seraient mis à peindre ce modèle que pas un n'eût fait ce qu'a fait Léonard. Est-ce que la *Joconde* n'est pas la réalité pourtant? »

« Aussi, dit M. T. Gautier (*Du beau dans l'art*), le peintre porte son tableau en lui-même, et, entre la nature et lui, la toile sert d'intermédiaire. Quand il veut faire un paysage, ce n'est pas l'envie de copier tel arbre, tel rocher ou tel horizon qui le pousse, mais bien un certain rêve de fraîcheur agreste, de repos champêtre, de mélancolie amoureuse, d'harmonie sereine, de beauté idéale, qu'il cherche à traduire dans la langue qui lui est propre. Même, s'il s'astreint à représenter une vue exacte, sa pensée personnelle ne cessera pas d'être sensible pour cela : si elle est triste, il assombrira la nature la plus riante; si elle est gaie, il saura trouver des fleurs dans l'aridité la plus sablonneuse; c'est son âme qu'il peindra à travers une vue de forêt, de lac ou de montagne. C'est ce sentiment de beau préconçu qui inspire au sculpteur une statue, au poëte une églogue, au musicien une symphonie; chacun tente de manifester avec son moyen cette rêverie, cette aspiration, ce trouble et cette inquiétude sublimes que causent au véritable artiste la prescience et le désir du beau. »

Mais si l'artiste est susceptible de nous communiquer la tristesse qui remplit son âme, même à l'aide de sujets si contraires à ce résultat, avec quelle force n'ébranlera-t-il pas notre esprit si, faisant un meilleur choix, il ne met sous nos yeux que des objets capables de réveiller en nous ce sentiment ! On doit comprendre par là l'utilité de ne choisir dans la nature que des sujets pour lesquels nous nous sentons vraiment inspirés, et de ne les rendre qu'à l'aide d'objets qui soient capables par leur caractère de concourir au résultat désiré.

Il résulte de là que l'artiste se sert de la nature de la même manière que l'écrivain se sert des expressions qu'il emploie; pour l'un comme pour l'autre, c'est seulement un moyen de rendre la pensée qui déborde leur âme. Mais, de même que l'écrivain habile n'emploie pas indistinctement toutes les expressions qui lui viennent à la pensée, mais qu'au contraire il fait un choix réfléchi de celles qui sont les plus propres à exprimer son idée; de même aussi, le véritable artiste ne se contente pas, pour traduire les impressions de son âme, de copier avec fidélité, mais sans discernement, tous les objets plus ou moins convenables qui s'offrent à sa vue dans la nature; car, bien que toutes les œuvres de Dieu soient convenables et belles pour les yeux et pour l'esprit en général, il ne s'ensuit pas pour cela qu'elles soient toujours les plus belles et les plus convenables possibles pour la disposition d'esprit particulière dans laquelle se trouve l'artiste.

Ainsi donc, même lorsque nous aurons rencontré dans la nature des signes ou des objets qui seront en rapport avec la pensée que nous voulons traduire, il arrivera presque toujours qu'ils n'en contiendront que le principe et que nous serons obligés d'ajouter, de retrancher, en un mot de transformer, pour atteindre le but, qui est, comme nous l'avons dit, de mettre le plus possible l'âme du spectateur en communication avec la nôtre [1].

On pourrait même avancer qu'il y a des cas où non-seulement il n'est pas nécessaire de copier scru-

[1] Cette nécessité d'ajouter, de retrancher, de composer enfin son sujet est beaucoup moins indispensable dans le paysage que dans les tableaux de figures, à moins pourtant qu'il ne leur serve de fond et qu'il ne soit qu'accessoire seulement. On peut même avancer que dans le paysage, lorsque le site que l'on a rencontré est pittoresque et convenable, il ne faut y apporter que le moins de changements possibles.

puleusement la nature pour produire l'impression désirée, mais encore où le mensonge habilement présenté, c'est-à-dire d'une manière vraisemblable, séduit davantage, fait plus d'impression et paraît quelquefois plus vrai que la vérité même. C'est qu'il y a deux manières simultanées de voir les choses, l'une par les yeux et l'autre par l'intelligence, et elles se complètent l'une par l'autre.

Quand un homme assiste, le soir, sur le bord de la mer, à une tempête, ses yeux voient les flots agités et blanchis d'écume, le ciel couvert de nuages noirs, des éclairs qui brillent, il entend le bruit du tonnerre et le vent qui siffle. Mais l'imagination, ajoutant à ce spectacle, voit dans la mer qui mugit une intelligence qui parle un langage inconnu, mais terrible. Chaque flot qui se soulève se personnifie et paraît animé par un être invisible qui se précipite vers lui pour l'entraîner dans un gouffre sans fond; l'obscurité du ciel lui retrace ces mille fantômes qui errent dans la nuit et dont les sifflements des vents déchaînés semblent sortir de leurs poitrines comme autant de gémissements plaintifs et étouffés; les éclats de la foudre, c'est la voix d'un Dieu, c'est sa colère qui gronde et qui rappelle à l'homme la majesté terrible du juge qui lance la foudre dans l'espace qu'elle sillonne en déchirant les nues avec fracas.

Le peintre qui, dans une pareille scène, se contenterait de copier seulement ce qui s'offre à sa vue serait loin de rendre à mon esprit, et même à mes yeux, le spectacle imposant qui se déroule devant moi; il croira avoir atteint à un grand degré de vérité et il sera resté bien loin derrière elle; car il y a deux degrés, pour ainsi dire, dans la manière de voir les choses : un pour les yeux et un autre pour l'intelligence; or, il en a oublié un, et c'est à coup sûr le plus intéressant. En peinture comme en littérature, il n'est donc pas toujours nécessaire d'être vrai, mais il faut toujours être vraisemblable.

Voulez-vous la preuve que l'imitation est le moyen et non pas le but; que le peintre enfin ne doit prendre dans la nature que les choses qui servent à rendre son idéal? Voyez ce qu'ont fait tous les grands maîtres et écoutez la description, plus colorée et plus pittoresque encore que leurs tableaux, qu'en donne M. T. Gautier dans son *Traité du beau dans l'art*, p. 133 (voy. *l'Art moderne*) :

« L'imitation, dit-il, est le moyen et non le but; par exemple, Raphaël est virginal, Rubens sensuel, Rembrandt mystérieux, Ostade rustique. Le premier cherche dans la nature les formes qui le rapprochent le plus de son type préconçu, il choisit les plus belles têtes de femmes et de jeunes filles, il épure leurs traits, allonge les ovales de leurs figures, amincit leurs sourcils vers les tempes, arque leurs paupières et leurs lèvres pour les faire coïncider avec le sublime modèle qu'il porte au dedans de lui-même. Rubens a besoin de chairs satinées, de chevelures blondes, de bouches et de joues vermillonnées, de velours miroitants, de soies chiffonnées, de métaux lançant des paillettes de feu. Pour traduire la fête éternelle, la kermesse royale qui se donne dans son âme, il emprunte la pourpre, l'or, le marbre et l'azur partout où ils se rencontrent. Rembrandt, âme de songeur, d'avare, d'antiquaire et d'alchimiste, prend aux vieux édifices leurs arcades noires, leurs vitraux jaunis, leurs escaliers en colimaçon qui grimpent jusqu'aux voûtes et se perdent dans les caves ; aux marchands de bric-à-brac leurs anciennes armures, leurs vieux coffres, leurs vases bossués, leurs ajustements étranges ou tombés en désuétude ; aux synagogues leurs rabbins les plus chauves, les plus chassieux, les plus ridés, les plus sordides et les plus rances, et de toutes ces formes douteuses, bizarres, effrayantes, qu'il plonge dans l'ombre fauve de son atmosphère, il fait son œuvre lumineuse et sombre, il réalise ses rêves ou plutôt ses cauchemars. Ostade, quand il assoit un Flamand sur un tonneau, à cheval sur un banc de bois, dans un de ses intérieurs où le sentiment du foyer rustique se traduit d'une façon si pénétrante, ne copie pas le manant qu'il a devant lui, bien qu'il paraisse quelquefois en faire le portrait ; il le fait servir à la reproduction de l'idéal rustique qu'il porte en lui-même. Aussi on peut dire que nulle vierge ne l'est autant qu'une madone de Raphaël, que nulle santé ne s'épanouit aussi vivace que celle des femmes de Rubens, que jamais alchimiste n'a regardé d'un œil plus inquiet, plus scrutateur, plus profond, le microcosme rayonner aux murs de sa cellule, que cet homme esquissé en deux coups de pointe, qui se lève à demi de son fauteuil, dans une des formidables eaux-fortes de Rembrandt, et que le rustre le plus lourd, le plus pataud, le plus bizarrement taillé à coups de serpe, le plus vêtu de haillons bruns, le plus terreux et le plus enfumé, est presque un citadin à côté d'un paysan d'Ostade. Où ces peintres ont-ils vu une semblable vierge, une telle courtisane, un pareil alchimiste et un paysan de cette tournure ? »

Mais de ce que la pensée est le but et la forme le

moyen, faut-il conclure, comme l'ont fait quelques personnes, que la pensée est tout et la forme rien? Gardons-nous bien de tomber dans cet excès contraire; autrement ce serait éviter Charybde pour nous perdre en Scylla.

Nous verrons bientôt que l'homme étant composé de sens et d'intelligence, pour qu'un objet lui paraisse beau, il ne suffit pas de plaire seulement à son intelligence, il faut encore frapper sa vue, qui est, pour ainsi dire, la porte de l'esprit et du cœur. Et du reste, si je continue la comparaison que j'ai commencée tout à l'heure entre le langage des beaux-arts et celui de la littérature, ne comprendra-t-on pas qu'il ne suffit pas d'avoir des pensées nobles et sublimes, mais qu'il faut encore pouvoir les rendre et les rendre convenablement? D'ailleurs, la forme ne fait-elle pas tellement corps avec le fond, le style avec la pensée, que l'on ne peut exprimer l'un que par la correction, la force et la beauté de l'autre? Or, un objet peut-il être vraiment beau s'il n'est pas vrai ou du moins vraisemblable? Comment, d'ailleurs, l'esprit peut-il le concevoir sans cette condition? Autant vaudrait dire que le mensonge et la fausseté sont de belles choses. Il faut donc conclure de là que, bien que l'illusion et le trompe-l'œil ne soient pas le but de l'art, l'art n'en doit pas moins imiter le plus fidèlement possible la nature, c'est-à-dire être très-vrai dans l'imitation des objets qu'elle nous offre et qui sont convenables au sujet, et vraisemblable dans ceux que nous devons prendre toujours dans la nature, mais que nous sommes obligés de modifier, de transformer, de faire plier enfin selon le sentiment que nous voulons rendre.

Ainsi donc il demeure prouvé :

1° Que *tous les objets* de la nature sont beaux et convenables *en général*, et susceptibles de se prêter, quels qu'ils soient d'ailleurs, à tous les sentiments qui animent l'artiste; aussi celui-ci communique-t-il à *tous* les objets pris dans la nature qui sortent de son pinceau un degré d'intérêt et de poésie de plus et en dehors de celui qui est inhérent à cet objet; ce qui fait que les tableaux, *même les plus réalistes*, plaisent non-seulement aux yeux, mais encore à l'esprit, *jusqu'à un certain point*.

2° Que tous les objets de la nature sont beaux et convenables en général, il est vrai, mais qu'il y en a certains qui sont plus propres que d'autres à produire certaines impressions, telles que la gaieté, la tristesse, la mélancolie, la grandeur, etc., en sorte que le degré d'intérêt que l'artiste communique à tous les objets qui sortent de son pinceau sera porté à un point infiniment plus élevé si l'intérêt propre et inhérent à l'objet représenté est en harmonie avec celui que doit lui communiquer l'artiste; d'où il résulte la nécessité de choisir son sujet.

3° Que même dans les sujets les mieux choisis et les plus en rapport avec l'état de notre âme, il est extrêmement rare de les trouver parfaitement convenables en tout point, c'est-à-dire que tantôt il s'y trouve des choses étrangères ou même nuisibles, et tantôt la convenance n'est pas portée à un degré suffisant, d'où résulte encore l'obligation de retrancher ou d'ajouter.

4° Dès l'instant qu'il y a nécessité d'ajouter, de retrancher ou même seulement de disposer les objets d'une manière convenable pour exprimer fortement le sujet, il faudra nécessairement faire toutes ces modifications conformément à sa beauté; d'où la nécessité de savoir ce que c'est que la beauté et par quels moyens on peut l'obtenir ou rester dans ses limites.

5° La beauté pour l'esprit est le but des beaux-arts, sans doute, et tout doit y concourir; mais il ne suffit pas que tous les objets que nous choisirons soient conformes à ce résultat, il faut encore, puisque les yeux sont la porte de l'âme, qu'ils soient beaux pour les yeux, et par conséquent vrais ou du moins vraisemblables. Autre preuve de la nécessité de connaître les lois du beau.

Enfin, terminons cet article, déjà assez long, par citer quelques fragments du dernier chapitre de l'ouvrage de M. Mazure, auquel nous avons déjà fait un emprunt précédemment :

« Au fond, dit cet auteur, y a-t-il une querelle? Existe-t-il en littérature et en art deux écoles distinctes, irréconciliables, l'école de l'idéal et celle du réel? La manie de dogmatiser sur les théories doit-elle être substituée au travail paisible, sincère, consciencieux, sûr de lui-même, marchant selon ses forces et sa tendance propre au point où l'entraîne et en même temps où l'arrête son essor? ou plutôt ne serait-ce pas qu'un dissentiment qui éclate d'une manière si bruyante dans le champ des théories n'a pas en réalité la portée qu'on lui suppose?

« Il y aura sans doute toujours, dans l'art, selon la diversité des talents, deux tendances diverses, l'une et l'autre légitimes, parce qu'elles correspondent aux éléments essentiels de notre nature, pourvu que l'on ne poursuive pas un but exclusif. Il y aura des réalistes, ceux qui aimeront à s'ébattre parmi les choses sensibles, qui peindront avec ardeur, pressant la réalité, de manière à s'en rapprocher le plus possible, à transporter dans leur toile l'empreinte du vrai. Mais ceux-là, j'entends les intelligents, ne sauraient se condamner à ne rien choisir, à ne rien rehausser, à chercher ce qui est laid, au physique ou au moral, à ne pas relever par l'imagination, par l'idée, par le style, le terre-à-terre des détails.

« D'autres artistes de tendances idéalistes, préoccupés de l'idée, cherchant le beau et sachant le rencontrer, savent aussi qu'il ne suffit pas de poursuivre seul une idée impossible, qu'il faut s'arrêter dans les régions humaines, revêtir l'idée de ce qui fait sa vertu, sa substance, de ce qui se fait sentir et comprendre, la réalité fidèlement imitée, la couleur, le relief, la perspective; en un mot, tout ce qui est la nature. Autrement, que m'importe leur philosophie, à moi qui leur demande des images et qui veux trouver des idées à travers des impressions ?

« On se dispute ; mais, arrivé au fait, c'est-à-dire à l'œuvre, est-on vraiment en désaccord ? Y a-t-il un artiste qui ait dit : « Je me dévoue à ce qui est laid ? « Je ne l'accepterai pas seulement dans une mesure « restreinte, corrigée en quelque sorte et adoucie par « l'artifice de l'art, et pour mieux faire ressortir le « beau, de même que l'ombre ne doit pas être né- « gligée à côté de la lumière ; non, je copierai la na- « ture dans sa vulgarité la moins digne, l'homme « dans son infirmité, le crime dans sa nudité, le vice « dans ses ardeurs dévoilées; je ne veux pas de la « pensée, de la vérité haute, de la vie relevée et de « l'âme qui la glorifie. » Personne n'a parlé comme cela, et tel qui s'imagine peut-être, comme le personnage de la comédie, ne parler qu'en prose, est poëte et possesseur d'un pinceau qui parfois s'exprime en très-beaux vers.

« ...... Après cela, gardez vos tendances; la nature le veut ainsi; toute intelligence n'est pas apte également à toute chose; l'essor du génie a ses voies qui lui sont particulières. Il y en a qui obéissent plus volontiers aux entraînements de la nature visible, à la passion, aux sens; d'autres s'attachent davantage à l'idée. Toutes les couronnes ne sont pas de mêmes fleurs, cela est vrai; mais aucune des fleurs qui les composent ne saurait dédaigner ces deux choses-ci : la couleur et le parfum.

» C'est pourquoi, pour nous du moins, peuple d'amateurs, *populus sumus*, disait Horace, mais peuple intelligent et choisi, arrière le parti pris, les divisions d'école, le choix d'un drapeau! J'admire vos qualités particulières, peintres de la ligne, peintres de la couleur; mais je ne brûle pas ce que vous ne voulez pas adorer; je rends hommage aux qualités que vous avez, tout en regrettant les trésors qui vous manquent.

« Quoi! je n'aurai pas assez d'étendue dans l'esprit pour embrasser d'une commune sympathie des qualités diverses, et pour ne pas demander à tous des qualités qui soient identiques! Mon clavier sera-t-il donc si borné! Vous me permettez une octave à peine, quand je me sens un registre qui suffit pour trois. Dans les paysages de la nature, je monte aisément les diverses gammes de beauté, la nature paisible, la nature agitée, la nature terrible, les champs, les flots, les hauteurs redoutées. Il en est de même en matière d'art: on peut certes aimer à la fois Ruysdaël, Gelée,

Poussin, Van der Neer. Vous ne me défendez pas d'unir dans un commun amour le touchant idéal du Sanzio et l'ardent coloris, le splendide réalisme d'un Titien ou d'un Rubens. Pourquoi faut-il procéder avec partialité quand il s'agit de l'art d'à présent; se déclarer de l'école des dessinateurs ou de celle des coloristes; rompre encore des lances pour les anciens ou les modernes, pour Gluck ou pour Piccini, et se demander, avant de se livrer à une juste admiration, si ce grand peintre est de Rome ou de Venise, s'il s'appelle Ingres ou s'il s'appelle Delacroix? »

DEUXIÈME PARTIE

DESSIN — CLAIR-OBSCUR — COLORIS — TOUCHE

I

DU DESSIN

« Quand on dit vaguement vérité de dessin, dit M. de Montabert (ch. 173) il faut s'entendre puisqu'il peut y avoir vérité de perspective sans vérité de formes. C'est ainsi qu'on imitera très-bien perspectivement un mannequin, quoique ce mannequin soit une figure fausse comparée à la nature ; c'est ainsi qu'il peut y avoir vérité approximative d'anatomie, de mouvements et d'expressions, sans grande vérité de perspective. De plus, quand on dit beau de dessin, il faut s'entendre encore, puisqu'on peut obtenir une espèce de beauté d'imitation individuelle que l'on confond souvent avec la beauté de choix ou la philosophie du *dessin;* c'est ainsi que la beauté d'idée ou de goût dans le dessin peut avoir lieu sans beauté d'imitation et sans grande justesse de représentation. »

Il faut, disait Léonard de Vinci, éviter les raccourcis, pour que le peintre ne soit pas sans cesse en question avec ceux qui n'ont pas l'intelligence de la perspective.

D'un raccourci bizarre, effort de perspective,
Hasardez rarement l'ingrate tentative;
Vous voulez m'étonner, le succès est contraire;
Il vous en eût coûté moins d'efforts pour me plaire.

(LEMIERRE.)

Aphorismes de David relatifs à l'étude du dessin et recueillis dans son école.

« Quand on fait un tableau on peut changer le modèle, parce qu'alors ce sont de belles parties qu'on cherche à accorder; mais quand un élève s'exerce, il faut qu'il s'accoutume à l'exactitude et qu'il respecte le modèle. »

« Soyez d'abord vrai et noble ensuite. »

« Je connais des peintres qui ne savent pas copier des hommes et qui prétendent monter dans le ciel pour y peindre des dieux. »

« Il y en a qui en voulant peindre le modèle font plus laid que lui, et qui en voulant s'élever au-dessus du modèle ne dessinent plus que de pratique. »

« Il n'est pas difficile de dessiner d'idée tant bien que mal; mais ce qui est difficile, c'est de faire beau et naturel et suivant le modèle. »

« Quand on n'aime pas la nature on la fait basse et triviale. »

« On peut étudier les maîtres; mais c'est la nature seule et non les maîtres qu'il faut suivre; c'est en la suivant qu'on fera bien comme eux. »

« Celui qui est maniéré ne saurait voir clair en présence du modèle. »

« Pourquoi est-on le plus souvent embarrassé? Parce qu'on ne veut pas céder à la nature, mais bien suivre sa tête et ses idées de routine. »

« Il y a des peintres qui ne découvrent rien dans la nature, ils n'y voient que ce qu'ils savent par cœur. »

« Il ne faut pas seulement regarder le modèle, il faut y lire comme dans un livre. »

« J'aime ce qu'on appelle le style, mais je n'aime pas la manière. »

« On n'avance dans l'art qu'en suivant la nature; si en musique on joue toujours le même air, et de la même façon, on ne fait sûrement pas de progrès. »

« Il faut étudier les beautés de l'antique pour trouver les mêmes beautés dans le modèle, mais c'est l'esprit du modèle qu'il faut suivre, pour le rendre bien d'après l'antique. »

« Il faut changer le modèle en bien et non en mal, mais il y en a qui le font ressembler en laid et non en beau. »

« Je ne cesse de répéter qu'il faut que les têtes ressemblent au modèle. »

« Il ne faut pas faire les cheveux de pratique, mais il faut les faire selon le caractère de la nature. »

« Les bons peintres prennent les bons moments du modèle, les mauvais peintres prennent les mauvais. »

*
* *

« Je ne puis trop vous le répéter, dit M. de la Rochenoire, faites que votre dessin ait du sentiment, c'est une qualité première, et la noblesse, la correction, ne sont que secondaires. Ne craignez pas que votre figure fasse hausser les épaules d'un professeur, car j'ai souvent vu plus de sentiment, plus d'énergie et plus d'art dans un magot flamand, comme les appelait le grand roi, quoiqu'il ait eu assez de bon sens pour produire Molière, que dans la plus belle figure académique. Ce dessin *académique* appartiendra toujours à celui qui consacrera le temps nécessaire à l'apprendre; ce sera une étude longue, si vous le voulez, mais ce ne sera qu'une étude matérielle où le génie n'entrera pour rien; on le raisonne, on le mesure au compas, on le démontre facilement, et c'est en cela qu'il est ce qu'il y a de mieux pour une école. Mais s'il vous était permis de ressusciter dans cent, mille, deux mille ans, vous retrouveriez les mêmes élèves faisant le même bonhomme, les mêmes peintres faisant le même tableau, toutes les mêmes jolies choses renaissant, comme le phénix, à chaque génération. Il n'y a eu qu'un artiste parfait dans le genre académique.... C'est tout simplement Raphaël, »

« ..... C'est, je ne puis trop le répéter, un dessin intelligent, qui parle, qui remue, que je désire de vous, et non pas une froide momie, faite à l'équerre ou au compas. »

Ces réflexions nous semblent justes, mais il ne faut pourtant pas en conclure, comme on serait presque tenté de le faire, que les études académiques, c'est-à-dire basées sur des mesures et des proportions, sont inutiles; loin de là, car si elles n'ont pas le don de donner du sentimeut et du génie à celui qui n'en a pas reçu de la nature, elles peuvent être néanmoins pour ceux qui possèdent ces qualités d'un très-grand secours, à condition, bien entendu, qu'ils ne se rendront pas esclaves des mesures et du compas.

Les lignes dans un dessin, et en dehors des idées que peut faire naître le sujet, le clair-obscur, la couleur, etc., ont un caractère qui leur est propre et qu'elles impriment aux objets dont elles forment les contours.

« Il y a deux lignes et il n'y en a que deux, dit M. Mazure, la droite et la courbe; or, dans la symbolique de l'univers visible, dans laquelle toute chose physique s'explique par une idée morale, la ligne droite a un sens; quel est-il?

« .... La ligne droite représente l'idée morale de l'ordre, du juste, du vrai : un jugement droit, une âme droite, *recta ratio*, selon les Romains, τὸ κατόρθωμα, disaient les Grecs; et l'Écriture sainte, mieux encore : *Rectum coram Domino*, le droit devant Dieu (IV Reg. 12, 2).

« .... La ligne courbe est le symbole de la variété... du sentiment. »

La ligne droite peut être verticale, horizontale, diagonale, etc., et chacune de ces directions différentes ajoute encore à sa signification.

C'est ainsi que la ligne *droite verticale sans limite* exprime le divin, le sublime, le majestueux, le hardi, le grand, la pensée du ciel. Plus la ligne droite verticale dominera dans une composition ou dans la nature, plus aussi les idées qui se rattachent à cette ligne y domineront.

La ligne droite *horizontale sans limite* exprime le terrestre, le calme parfait, la tranquillité majestueuse, l'étendue, l'amplitude, la résignation, la mélancolie, la méditation aux choses de la terre. — Même observation pour les lignes du tableau ou de la nature.

La ligne droite diagonale sans limite exprimera des idées qui tiendront plus ou moins de la verticale ou de l'horizontale, suivant son degré d'inclinaison. (Même observation.... etc.)

Après ces différentes lignes, la ligne courbe sans fin ou le cercle offre encore une certaine grandeur, mais en même temps quelque chose de doux et de gracieux qui domine la première idée. La ligne courbe exprime surtout le mouvement. (Même observation.... etc.)

Viennent ensuite les lignes brisées à angles droit, aigu, obtus, etc.

On voit quel vaste champ s'offre à l'observation de l'artiste.

« La ligne ainsi conçue dans sa double forme, dit toujours M. Mazure, comme étant le signe d'une double loi de la nature et de l'un et de l'autre élément dont se compose la beauté visible, est donc d'un bien haut prix dans l'art. En elle est la vertu du dessin. Si la ligne est à la fois ferme et flexible, précise et mouvementée, si elle est austère et pourtant expressive, le dessin est sûr, il est beau, il supplée à ce qui n'est pas lui, il fait comprendre et pressentir au delà de ce qu'il donne. Au contraire, si le dessin manque, c'est-à-dire si la ligne est fausse, inexacte, indécise, sans fermeté, sans proportion, sans justesse, les meilleures qualités, celles de la couleur, ne sauraient en aucune sorte remplacer ce qui est absent. Un tableau sans dessin peut faire quelque tapage, du moins une certaine figure par la couleur ou la conception; il n'a pas la vraie vie, car il lui manque la parole et l'expression. »

« Le trait, dit M. T. Gautier (l'*Art moderne*), quoique ce soit une chose abstraite et de pure convention, ou peut-être à cause de cela, suffit aux conceptions les plus élevées, aux plus nobles besoins de l'art. Donnez à Michel-Ange un bout de fusain et un coin de muraille, et en quelques traits il va faire naître en vous l'idée du beau, du grandiose, du sublime, d'une façon si vive, que rien ne pourra dépasser l'impression de ce charbonnage. Ce grand artiste lui-même n'obtiendra pas de plus grands effets dans un tableau achevé. Entre sa pensée et le public, il n'y a eu que le signe graphique le plus indispensable, et cette simple ligne vous a introduit dans le monde gigantesque, au milieu des créations surhumaines qui peuplent l'âme du peintre. »

« Toutefois, continue M. Mazure, là aussi il y a l'excès à craindre; il faut redouter la sécheresse qui n'a pas de langage, parce qu'elle n'a pas le sentiment; l'extrême fini qui s'exhale en vapeur stérile et ne saurait rien produire qui soit de nature à faire sentir, à faire penser. Dans ce cas, ce n'est plus le juste spiritualisme, sachant son essor et sa limite; c'est l'idéalisme vague, qui se dissipe et se perd, cherchant en vain l'idéal, et incapable d'atteindre ni la forme ni la vérité. Puis, quelle que soit la valeur du dessin, il n'est pas tout; après lui, une grande carrière est ouverte. En effet, si la ligne courbe est le symbole de la variété, elle n'en donne que le commencement; elle trace la forme dans ses contours, mais non dans ses reliefs. Pour achever de contenir la vie, l'œuvre tracée demande ce qui la fera palpiter, ce qui comblera le vide, ce qui jettera entre les lignes le corps substantiel et vivant. Pour cet autre prodige, il faut ce qui a été appelé la magie du pinceau. La ligne, pour vivre, appelle la lumière, elle attend la couleur. »

II

DU CLAIR-OBSCUR

Le *clair-obscur* est l'art de représenter les différents tons produits par la lumière sur tous les objets clairs ou obscurs[1].

Il y a deux espèces de clair-obscur :

[1] Il ne faut pas confondre, comme le font plusieurs personnes, le clair-obscur avec la pénombre ou demi-teinte. Le clair-obscur comprend tout à la fois : le clair, l'ombre et la demi-teinte ou passage du clair à l'ombre. La beauté du clair-obscur consiste donc dans une distribution harmonieuse et piquante tout à la fois des ombres et des lumières ; c'est pourquoi on cite comme exemples de beauté dans le clair-obscur les tableaux de Rembrandt et du Corrége, ce qui serait inexact s'il ne s'agissait que de la demi-teinte. « On peut dire que dans le Corrége le clair-obscur exact et vrai, dit M. de Montabert, est bien plus perfectionné que ne l'est le clair-obscur beau et composé ; que cette fonte de tons et cette rondeur qu'on remarque dans ses peintures sont le résultat de son savoir dans le clair-obscur géométral et perspectif, ainsi que dans l'art d'exprimer et de modeler les formes. Tiziano, Giorgione, Rembrandt, Rubens, etc., lui sont incomparablement supérieurs dans le clair-obscur choisi ; au reste, Giorgione ou, pour mieux dire, Tiziano, est, soit dit en passant, le père du clair-obscur choisi et combiné ou du beau clair-obscur.

Le clair-obscur vrai, tel qu'il se présente à nous dans la nature, beau ou laid ;

Et le clair-obscur choisi, ou celui toujours naturel, mais poétique, pittoresque, qu'imagine le peintre dans les masses de clairs et de bruns qu'il distribue dans ses tableaux.

Le coloris est essentiellement distinct du clair-obscur; car, dans le coloris, il y a deux choses : la teinte et le ton de la teinte; d'où il résulte qu'une couleur peut être convenable comme ton et non comme teinte; d'où il résulte encore qu'une excellente estampe peut être très-mal enluminée, sans que l'effet du clair-obscur soit réellement dérangé.

Le clair-obscur, séparé en théorie du coloris, réduit ce dernier à une partie beaucoup moindre qu'on ne le pense d'abord. En effet, une main de Léonard de Vinci paraît presque bien coloriée par la seule justesse et par la seule science du clair-obscur, et sans la justesse de la teinte, car souvent la teinte y est nulle ou monochrome.

Il faut faire une distinction qui échappe parfois à l'inexpérience : c'est qu'entre blanc et lumineux il y a de la différence. Un clair safrané ou même doré paraîtra aussi lumineux que du blanc incolore. Aussi c'est le lumineux et non le blanc qui est une qualité éminente que les bons coloristes ont raison de rechercher.

Il en est de même du noir comparé à l'ombre ou aux ténèbres; il est fort au-dessous des tons très-obscurs de la nature.

Un peintre étranger aux lois optiques de la peinture croit donc, lorsqu'il a à représenter, par exemple, l'effet du soleil sur des objets blancs ou noirs, devoir répéter la grande opposition qui est manifestée entre le clair et l'ombre, et pour cela il obscurcit ses bruns ou éclaircit ses clairs, espérant faire éclater toute l'énergie de la lumière. Mais il résulte de là qu'il fait paraître ses ombres trop noires et ses lumières trop blanches, et qu'au lieu de donner l'idée d'un corps blanc ou noir, éclairé par le soleil, il donnera celle d'un objet blanc sur une face et noir ou gris sur l'autre. C'est tout le contraire qu'il fallait faire. Il doit donc tenir ses ombres moins noires lorsqu'il s'agit d'un objet blanc ou clair, et ses clairs moins clairs lorsqu'il veut représenter un objet noir ou sombre, et cela afin de rapprocher dans le premier cas le brun du clair, et, dans le second, le clair du brun, autant que le blanc est éloigné de la lumière et le noir de l'ombre.

« Au reste, dit Bouvier, tout est reflet dans l'ombre même, si l'on veut parler à la rigueur. Il n'y a, à proprement parler, que les trous profonds qui soient entièrement privés de reflets ; car, sans cela, comment distinguerait-on les objets qui sont dans l'ombre ?..... Cette réflexion suffit pour convaincre les commençants que, puisqu'on peut voir clair dans les ombres, il faut nécessairement en indiquer la véritable teinte, et qu'elles doivent être peintes transparentes, c'est-à-dire de manière à ce qu'on voie leur couleur apparente ou empruntée, et cela d'une manière si juste et si vraie, qu'elles ne produisent point à l'œil l'effet de taches sales et malpropres ; il faut, en un mot, qu'on soit intérieurement persuadé que cette ombre est bien la même couleur de chair que nous voyons partout ailleurs, et qu'elle n'est plus obscure en cette place que parce qu'elle est privée du jour direct venant du ciel; car la nature ne nous fait pas un autre effet, et les gens qui ne sont pas peintres ne réfléchissent peut-être pas même qu'ils voient des ombres dans les objets, si ce n'est lorsque le soleil luit, parce qu'ils les aperçoivent alors d'une manière beaucoup plus tranchée. »

Daudri-Bardon a dit : « Assez ordinairement les tons les plus bruns doivent être placés hors des chairs, surtout de celles que l'on veut rendre délicates. » C'était, en effet, l'usage de Rubens. Tel était aussi le principe de Corregio, de Paul Véronèse, de Tiziano. Ces maîtres peignaient les ombres des carnations avec une certaine vigueur, mais ils leur opposaient des fonds plus vigoureux encore. Ce qui les faisait paraître légères et cependant assez fortes pour faire valoir les lumières. Léonard de Vinci prescrit une tout autre marche; mais les coloristes les plus habiles ne l'ont point suivie. Il veut donc qu'on oppose à l'ombre un fond clair et au clair un fond sombre.

L'éblouissement qui résulte des jours vifs frappant les plans obliques des objets fait qu'ils ne semblent pas arrondis en ces parties. Aussi les élèves ont-ils de la peine à faire tourner ces faces fuyantes par la raison qu'elles éblouissent presque autant que les milieux. Le plus sûr moyen d'arriver au résultat, c'est de placer toujours la plus vive lumière vers le centre lumineux; car, dans un corps rond, les fuyants doivent paraître fuir et les saillants saillir.

Voilà pourquoi, comme l'observe avec justesse Lens (p. 87), on voit de beaux portraits de Van Dyck qui, étant presque sans ombres, paraissent cependant très-ronds et presque lumineux.

Beauté du clair-obscur.

« Qui pourrait donc nier, dit M. de Montabert (ch. 384), la force du prestige attaché à la beauté du clair-obscur, puisque l'on voit des gens rester les yeux fixés sur des tableaux dont ils ne comprennent pas la signification, dont les figures ne se distinguent souvent pas à la première vue, dont le sujet enfin est dénué de toute espèce d'intérêt? Le clair-obscur semble les tenir enchaînés et comme magnétisés ; ils restent, ils considèrent ces tons, ces effets, ces masses, ces demi-ombres, ces enfoncements, comme on écoute une suite de sons harmonieux dont l'ensemble n'est pas compris, mais qui cependant charme et enchante l'oreille. Les plus sévères critiques sont dupes de cet enchantement; les théoriciens les plus partisans du dessin et de l'austérité des formes payent leur tribut à cette puissance magique, et des écrivains de bonne foi y placent souvent toutes leurs affections. »

« Le pouvoir des lumières est si grand, disait Paul Lomazzo, qu'étant distribuées avec proportion sur un corps mal dessiné d'ailleurs et sans anatomie, il plaît à ceux qui le regardent et excite en eux le désir de voir toutes les parties. Il y a beaucoup de peintres privés de la partie du dessin qui, par cette seule pratique de bien disposer les clairs, se sont acquis de la réputation. »

« Que celui, disait Diderot en parlant des paysagistes, qui n'a pas senti et étudié les effets de la lumière et de l'ombre dans les campagnes, au fond des forêts, sur les maisons des hameaux, sur les toits des villes, le jour, la nuit, laisse là les pinceaux, surtout qu'il ne s'avise pas d'être paysagiste. »

III

DU COLORIS

Le coloris est l'art d'associer à l'imitation du relief celle des teintes des objets naturels, tels qu'ils se présentent à nous dans la nature, sans distinction aucune.

C'est aussi l'art de ne choisir dans la nature que des couleurs qui puissent plaire au sens de la vue par la beauté de leur caractère et de leurs combinaisons sur le tableau, et à l'esprit par leur convenance avec le sujet adopté.

Pour qu'un tableau soit parfait quant à la couleur, il doit remplir trois conditions, qui sont :

1° La vérité ou la vraisemblance dans la couleur naturelle des objets ;

2° Le plus grand éclat des couleurs que pourra comporter le mode du tableau ;

3° L'harmonie de toutes les couleurs entre elles.

Si une de ces trois conditions manque, il y aura un moindre degré de beauté dans le coloris. C'est ainsi, par exemple, que quelques-uns des tableaux de Rubens manquent de la troisième qualité ; aussi les classe-t-on généralement après ceux du même maître qui possèdent les trois conditions réunies. C'est ainsi encore que les peintures de Boucher,

Vatteau et autres artistes de la même école possèdent les deux dernières qualités, ou la fraîcheur et l'éclat harmonieux des teintes, mais qu'elles manquent le plus souvent de la première, ou de la vérité d'imitation ; d'autres enfin joignent à une vérité suffisante d'imitation une grande harmonie des couleurs entre elles, mais leurs teintes manquent de fraîcheur et d'éclat; ils n'ont pas vu la couleur en beau [1], ils manquent de la seconde condition enfin. Voilà ce qui constitue les différents degrés que l'on remarque dans la hiérarchie des coloristes, et voilà aussi pourquoi l'on s'entend si peu sur cette question importante, *la couleur*, parce qu'on n'emploie pas toutes ces distinctions.

Si j'ai placé l'harmonie comme troisième condition du coloris, ce n'est pas que je la considère comme la moins importante, loin de là; c'est, au contraire, la condition la plus indispensable, et beaucoup de chefs-d'œuvre qui passent pour des modèles de coloris, ne doivent leur grande réputation qu'à la présence de cette qualité éminente.

[1] Il y a deux manières de voir la nature : en beau ou en laid. Ceux qui la voient en beau sous le rapport des lignes sont les dessinateurs ; ceux qui la voient en beau quant aux variétés des teintes sont les coloristes. Puisque l'on peut voir et rendre n'importe quelle couleur en beau ou en laid, on peut donc voir et rendre aussi une draperie noire, par exemple, en beau ou en laid, c'est-à-dire d'un beau ou d'un vilain noir; donc on peut se montrer coloriste en copiant une simple draperie noire ou brune. Mais il ne s'ensuit pas que l'on puisse dire d'un tableau composé seulement d'objets noirs ou bruns que ce tableau a de la couleur; rigoureusement parlant, on ne pourra dire qu'une chose : c'est que ce tableau est d'un coloriste.

Les couleurs en peinture, dit le Poussin, sont comme les vers dans la poésie; ce sont les charmes que ces deux arts emploient pour persuader.

« Quant à la prééminence des dessinateurs ou des coloristes, dit M. Mazure (Paysage), de la ligne ou de la couleur, c'est une question qui se résout par le résultat même de tout ce qui précède. Le peintre dessine, puis il peint; il se complète comme peintre par ces deux vertus; il ne s'approche de la perfection qu'en les réunissant autant que possible. Mais la perfection est si rare, et qui ose l'exiger? Le sentiment de la ligne est une aptitude que la nature a donnée, celui de la couleur en est une autre; si on les réunit, ce ne saurait être à un degré égal; on naît dessinateur ou on naît coloriste. C'est pourquoi il ne faut pas s'étonner que des peintures éminentes se distinguent plus particulièrement soit par le dessin, soit par la couleur; ce sont là deux grandes choses, et il n'est pas surprenant qu'elles constituent une double école.

« Mais que doit faire le simple amateur doué d'intelligence et sensible au beau? De quelque côté qu'elles lui viennent, que fera-t-il entre ces deux conditions de l'art? Le voici : quand l'une est exprimée avec supériorité, il faut jouir de ce trésor et ne pas exiger l'autre au même degré. C'est là, je pense, le principe pratique en matière de goût; mais il est nécessaire de préciser la limite.

« Vous êtes surtout dessinateur; que votre couleur soit insuffisante, je pardonne; qu'elle manque ou qu'elle soit fausse, non, jamais. Pourquoi peignez-vous, alors? Prenez le fusain et laissez la brosse. Si, au contraire, vous êtes coloriste, si les feux de Venise abondent dans votre œuvre, si vous appartenez à ces maîtres, Delacroix, Decamps, Diaz, j'applaudis ; mais, de grâce, daignez dessiner ; cela vous est si facile et vous arrive si souvent, vous le pourriez toujours. Il n'est pas permis à ces nobles couleurs de revêtir des traits heurtés, sans précision, des figures mal formées, sans réalité, sans beauté, et qui ne sauraient être acceptées que pour la bonne intention qu'y a mise le peintre. Tout cela bien établi, il faut conclure et le déclarer bien haut : la couleur, surtout en matière de paysage, est obligatoire au premier chef; c'est elle qui fait ces prodiges qu'il faut savoir ravir à la nature; c'est par elle qu'on obtient la splendeur, qualité que l'on pourrait appeler surhumaine, puisqu'elle émane directement du ciel, et que si on la considère dans son principe, dans sa source originelle, elle est la première création de Dieu, celle que les hommes appellent la lumière. »

De l'achromatisme.

Il n'y a que trois couleurs primitives dans la nature : le jaune, le rouge et le bleu. (Le blanc et le noir ne sont pas considérés comme des couleurs.)

Lorsque ces trois couleurs sont mélangées ensemble et se trouvent dans un état d'équilibre parfait, tant sous le rapport de l'intensité lumineuse que sous le rapport de l'énergie colorifique, il en résulte l'absence totale de couleurs ; c'est ce qu'on appelle *achromatisme*.

Il y a trois couleurs binaires : l'orangé, qui résulte du jaune et du rouge ; le vert, qui résulte du jaune et du bleu, et le violet, qui résulte du rouge et du bleu.

Quand dans du violet parfait on ajoute un peu de jaune élémentaire, c'est comme si l'on y ajoutait un peu de noir ; car le jaune produit dans ce cas le complément de l'achromatisme. Il en est de même de l'effet du rouge ajouté au vert, ou bien du bleu ajouté à l'orangé. Enfin, on ne peut appeler ces couleurs que binaires, et ce serait être inintelligible que de les appeler ternaires.

D'après cette règle, il est facile de comprendre les effets que doit produire la lumière sur les objets qu'elle éclaire, selon sa couleur. Il est évident qu'en se mélangeant à la couleur de ces objets, elle peut en augmenter l'intensité, comme aussi l'achromatiser complétement. Il ne serait donc pas ingénieux, si on adopte, par exemple, pour dominante, l'unité bleue, d'éclairer le modèle par un air très-coloré en jaune ou en rouge. Ceci explique pourquoi, sous un ciel ou avec un ciel gris froid, on ne saurait exprimer avec harmonie les objets qui sont de couleur chaude.

Il en est de même de la couleur ou de la teinte des luisants, laquelle ne sera autre que la couleur du luminaire combinée avec la couleur propre des corps polis, lorsque ceux-ci sont colorés. Si le corps sur lequel se trouve le luisant est un peu mat, celui-ci se manifestera par une teinte plus simple et un peu de blanc suffira quelquefois pour l'exprimer.

Même règle pour les reflets. Ainsi, par exemple, si la couleur du local où l'on peint est verte, il arrivera que les teintes reflétées sur la chair seront noires ou grises, car le rouge de la chair avec le bleu et le jaune de la muraille forment un achromatisme ; imiter cet effet ce ne sera pas être vraisemblable. C'est à l'aide d'une telle démonstration qu'on doit s'expliquer lorsqu'on dit que copier juste ce que l'on voit, c'est souvent imiter plus mal la nature que de faire de pratique. Le moyen de remédier à cet inconvénient consiste à se procurer des reflets accidentels et partiels à l'aide de toiles tendues et autres surfaces. Van Dyck et surtout Rembrandt en usèrent de la sorte.

Les reflets ne doivent jamais faire tache, et il faut toujours que l'on puisse reconnaître à travers la couleur de l'objet.

Des oppositions favorables aux différentes carnations.

Pour bien faire comprendre le résultat qui provient de l'opposition des couleurs entre elles, je me bornerai à en citer un exemple : Que l'on mêle sur la palette du noir d'ivoire et un peu d'ocre jaune et du blanc pour avoir un ton qui, isolé, paraîtra verdâtre ; qu'à côté on oppose une masse du même ton et au moins aussi large qui soit d'un beau violet, la première teinte paraîtra verte. Mais qu'on enlève ce violet et qu'on le remplace par un beau vert du même ton, la première teinte, de verte qu'elle paraissait, paraîtra violette ou rougeâtre, suivant que l'expérience sera faite avec une nuance ou une autre.

L'énergie des couleurs de Rubens provient en grande partie des oppositions qu'il avait soin de multiplier et non pas des matières qu'il employait. Aussi a-t-on raison de plaisanter le peintre qui ne recherche les plus belles couleurs que dans le but d'arriver à un brillant coloris.

Examinons maintenant les oppositions les plus

propres à favoriser la vraisemblance et l'éclat des différentes carnations.

Des teints jaunâtres. — « Supposons, dit M. de Montabert (chap. 465), qu'il s'agisse d'une teinte jaunâtre, dont on cherche à atténuer le caractère, quelle couleur faut-il associer à ce teint? Il est évident que le rouge et le bleu feront ressortir ce jaune. Quant au jaune qui, selon quelques-uns, est favorable par l'effet de l'opposition qu'ils croient propre à détruire ce jaune du teint, il peut, au contraire, être très-défavorable. En effet, s'il est employé abondamment et dans tout le vêtement, par exemple, ce jaune colorera l'air ambiant et jaunira ainsi le teint déjà jaune lui-même. Ce n'est donc pas cette couleur qu'il faut associer. Le but est de restituer le rose dont est privée la carnation, mais dont elle contient cependant quelque principe. Or, pour rendre sensible ou développer ce peu de rose, rien n'est si favorable que le vert. Mais comme ce teint jaunâtre est pâle, c'est-à-dire clair, associons du vert obscur; et puisque le jaune convient peu, usons d'un vert un peu bleuâtre. De toutes les couleurs, le violet sera la plus contraire, surtout si elle est tendre, comme le lilas ou le gris de perle. Quant à l'orangé, il ne serait admissible qu'autant qu'il serait obscur et décoloré jusqu'au brun et associé à du vert et à du blanc.

Des teints briquetés ou rougeâtres. — « On aperçoit déjà, continue le même auteur, combien il importe de distinguer s'il s'agit d'un teint dont le jaune est élémentaire ou dont le jaunâtre mixte est rougi, et qui, pour cela, devrait être nommé orangeâtre.

« En effet, s'il s'agit d'un teint briqueté ou rougeâtre, les couleurs associées devront être d'un autre choix; dans ce cas-ci, il peut donc se faire que des étoffes jaune-paille clair, renvoyant des reflets clairs, éclaircissent avec avantage une telle carnation; mais si le ton briqueté est très-foncé, le rouge avec du noir et du blanc peuvent l'atténuer à un certain degré. Quant aux teintes pourprées ou trop rouges, le blanc, lorsqu'il les éclaircit en rejaillissant sur elles sa lumière, est favorable; l'association d'un peu de noir réussit aussi. Mais du rouge avec du blanc peuvent encore mieux faire disparaître cet excès de carnation pourprée. Quant au bleu et au jaune, ces couleurs lui sont contraires. Le lilas bleuâtre dans ce cas est insupportable, parce qu'il introduirait une unité rouge d'une autre espèce. Pour ce qui est du vert il ne ferait qu'exalter ce pourpre. »

Des chairs rosées et claires. — « Les chairs rosées et claires ressortent avec le blanc, avec le noir mêlé de blanc, avec le rose, au milieu duquel elles se maintiennent et s'accordent; avec le bleu doux, lorsqu'il cède en énergie à ces carnations; elles peuvent s'allier enfin au jaune rompu mais clair et propre à rejaillir sur elles son ton frais et léger. »

Des chairs pâles et fraîches. — « Les carnations pâles et fraîches s'accommodent du violet clair, du bleu clair, parce que c'est leur blancheur et non leur teint qui ressort. »

Des teints grisâtres et terreux. — « Les personnes qui ont une teinte de peau grisâtre, terreuse et égale partout, dit Bouvier, ne doivent point s'habiller de couleurs rompues : pour donner à leur figure un air de propreté, il faut des couleurs obscures, mais franches, comme, par exemble, du noir, mêlé de quelques parties blanches, du beau brun-puce où couleur d'œillet, du bleu-violet foncé, etc., mais rien de fauve, de grisâtre, et encore moins de couleurs vives, tendres ou éclatantes, à l'exception peut-être du cramoisi foncé, qui relève un peu la monotonie de leur peau. En général, toutes ces couleurs doivent être entremêlées de linges blancs. »

« En général, dit ailleurs le même auteur, les couleurs rompues, comme le fauve, feuille morte, certains verts sales ou des bruns indécis ne siéent pas à la jeunesse; il est une multitude de gris qui ne leur sont pas plus convenables; il faut les réserver pour les personnes d'un âge mûr ou pour la vieillesse. Le gris de lin, qui tire sur le lilas, est le seul gris qui convienne à une jeune personne, encore ne sied-il bien qu'aux blondes ou aux brunes très-fraîches et blanches de peau.

« Une couleur foncée sur une plus claire fait un meilleur effet que la combinaison contraire; il vaut mieux en général faire un châle plus obscur que la robe sur laquelle il est posé; il en est de même pour les habits d'homme..... »

« Tiziano imitait très-bien la chair, dit M. de Montabert, mais Tiziano associait, avoisinait bien les teintes; il mettait des bleuâtres, des verdâtres où il fallait en mettre, en sorte que par ces oppositions le sang circulait dans ses carnations. Aux chairs blanchâtres il opposait des linges blancs, et cette opposition, qui blanchissait les linges, colorait les chairs. Si, en s'abstenant de tissus blancs il les eût remplacés par du rouge, ces mêmes chairs eussent paru blafardes et sans vie. »

Les trois couleurs primitives associées inégalement selon l'ordre de l'unité se font valoir mutuellement, en sorte que du rouge semble bien plus rouge lorsqu'il est vu à côté du jaune ou du blanc subordonné que lorsqu'il est seul.

L'association des couleurs binaires subordonnées à une couleur élémentaire est aussi d'un grand secours pour rendre l'énergie de cette couleur élémentaire. Mais s'il y avait deux ou trois unités de couleurs, si, par exemple, la couleur dominante étant bleue, on lui opposait une masse orangée trop grande, l'unité bleue serait détruite et il y aurait laideur.

Cependant il faut se rappeler que bien que les oppositions, en général, contribuent à faire ressortir le caractère d'une couleur, il peut arriver que des oppositions trop grandes détruisent le caractère de cette couleur; c'est ainsi que les nuances rouge-violet des carnations, nuances souvent très-sensibles sur les joues, sur les tempes, etc., sont comme perdues lorsqu'elles se trouvent en opposition avec une grande draperie ou vêtement d'un beau violet. C'est ce qui a fait remarquer que le violet pâlit les chairs.

Dans l'art du coloris, il importe de laisser dominer sur les draperies les carnations dont l'éclat sanguin se soutient même à côté des étoffes les plus colorées, et non-seulement la vraisemblance, mais la convenance, l'intérêt et la beauté du sujet l'exigent.

Pourquoi plaisante-t-on une vieille vêtue de couleur de rose ou d'un bleu frais? c'est parce que, outre la laideur morale ou le défaut de convenance, sa chair flétrie et jaunie est bien moins chair par cette opposition; c'est qu'il ne semble plus que ce soit de la chair, mais bien de la peau tannée, du cuir ou toute autre substance. Aussi, les vieilles raisonnables se vêtent-elles en brun ou en noir et relèvent-elles par un peu de blanc et de verdâtre le peu de rosé et de sanguin qui reste encore sur leur teint.

Rien ne manifeste d'une manière plus distincte le caractère d'une couleur quelconque que l'opposition du blanc ou du noir associé à cette couleur. Rubens, Van Dyck, ainsi que tous les maîtres espagnols et tous les coloristes ont souvent tiré parti de ce moyen.

Lorsques les draperies sont noires ou blanches et par conséquent lorsque le spectacle dominant est incolore, on doit prendre pour source d'harmonie colorée les carnations de ces figures, si toutefois elles ne sont pas trop pâles, et alors cette couleur de la carnation sera la dominante, en sorte qu'il faudra que toutes les autres couleurs du tableau leur soient subordonnées. Rubens et Van Dyck sont encore là comme garants de la justesse de cette théorie; car lorsque les figures de leurs portraits sont d'une carnation chaude et qu'elles sont vêtues de noir, ils ont tenu le fond rougeâtre; mais il est jaunâtre si la carnation de ces figures est jaune. S'ils se sont écartés parfois de cette combinaison, c'est qu'ils n'en avaient que la sensation, ou pour mieux dire le sentiment et non le véritable principe.

Une carnation pâle, des habillements noirs, et quelques parties de linges blancs, ont besoin ordinairement, pour n'être pas trop monotones, d'un fond riche de couleurs; et, au contraire, un tableau où il y a plusieurs couleurs vives et brillantes exige, en général, une couleur de fond sourde et tranquille pour reposer la vue. Mais en suivant cette recommandation que donne M. Bouvier, il faut pourtant prendre garde de ne pas violer les lois de l'unité du clair-obscur et du coloris.

Le choix dans la couleur des fonds est tout à fait essentiel pour favoriser la vraisemblance de toutes les autres couleurs du tableau, et ce serait en vain que l'on aurait fait un très-bon choix de couleur pour les draperies et autres accessoires, si l'on n'a pas su choisir un fond convenable, car il peut décomposer tout le coloris des objets représentés. Ce fut cette connaissance de l'influence des fonds qui fit faire à Rubens la réponse suivante au sujet d'un élève qu'on lui proposait et qui pouvait, disait-on, l'aider, au moins en cette partie de ses ouvrages : « Si ce jeune homme sait faire un fond, il n'a déjà plus besoin de maître. » Enfin on peut dire que c'est favoriser la vraisemblance du coloris que d'imaginer des fonds tranquilles.

De l'exagération nécessaire des tons et des teintes.

Nous empruntons à M. de Montabert les réflexions suivantes :

« Presque tous les novices en coloris, dit-il (chapitre 437), sont frappés de la force des tons sur certains tableaux que souvent on leur conseille indiscrètement de copier. Cette force, dont ils ne sentent pas la cause, peut être distinguée en deux espèces : la première est celle qui résulte de la juste imitation des vigueurs naturelles; la seconde est celle qui provient de l'exagération dont les auteurs de ces tableaux ont cru devoir s'aider pour que leur peinture parût avec avantage dans les sites ou sous les jours peu favorables, où ils savaient qu'elle serait exposée. La vigueur imitée d'après nature étonne les yeux des débutants, parce qu'ils ignorent la perspective des tons, et, n'essayant le plus souvent sur leurs tableaux que des couleurs salies ou des bruns ternes, dont ils ne connaissent pas les rapports, ils regardent comme outrés les tons que les maîtres emploient savamment pour atteindre aux intensités optiques de la nature. Quant à l'exagération, qui les étonne encore davantage sur certains tableaux destinés à être vus de loin, ils en comprennent beaucoup moins la cause et ils ne supposent pas que le besoin d'une semblable exagération n'est particulier qu'à certains cas.

« Les peintres qui se sont accoutumés à monter ainsi leur palette finissent par voir sur les objets et sur les figures les tons dont ils décorent leurs peintures. Ils font, pour ainsi dire, un précepte de cette manière conventionnelle de voir, manière qu'ils appellent pittoresque ou artistique, en sorte qu'ils exigent que les élèves voient comme eux ces énergies et ces exagérations que ceux-là sont loin de découvrir sur leurs modèles.

Voici comment s'exprimait un jour, en s'adressant à un élève, un peintre de portraits fort habile, et du nombre de ceux dont je parle ici, peintre exercé, qui savait poser très-savamment les teintes énergiques et splendides qu'à peine il fondait ensuite avec le pinceau. « Voyez-vous ces tons fiers, lui disait-il avec chaleur, cette demi-teinte énergique? Vous ne remarquez pas ici ce coup de clair éblouissant, là cette touche rougeâtre, et ici ce brun très-foncé ? » L'élève répondit : non, je ne suis pas encore assez exercé. Le maître alors prit la palette et posa avec précision des clairs qui, aux yeux de l'élève, paraissaient exagérés, des tons enflammés produits par les ocres orangés, des roussâtres puissants, que l'élève ne voyait nullement, non plus que le maître, sur le modèle ; puis, lorsque l'ébauche fut un peu avancée, il porta le tableau à son point de distance, d'où il fit déjà un effet frappant et d'où le relief commença à se prononcer avec la vérité de la nature....... Mais que pouvait conclure de cette exaltation cet élève, bien convaincu que son maître avait effectivement vu tous ces tons et toutes ces oppositions dans la nature? Il pouvait tout au plus retenir cette manière de faire, pour l'adopter ensuite et l'appliquer à toutes sortes d'effets, quels qu'ils fussent. Mais il était bien loin de comprendre qu'avec de tels mensonges on parvient souvent à l'illusion. Enfin, le maître apprenait une certaine pratique, mais il n'enseignait pas les principes ou la théorie du clair-obscur et du coloris. Comment se fût donc énoncé ce professeur s'il se fût agi de l'exagération indispensable des tableaux situés dans des jours ou trop obscurs ou trop éclatants?

« On peut avancer que chaque tableau doit avoir une destination et un lieu propre d'après lesquels le peintre puisse établir son calcul. Les petits tableaux peuvent être vus dans tous les appartements tant que le jour y est modéré, mais il n'en est pas de même des grands morceaux de peinture. »

IV

DE LA TOUCHE

On entend par *touche* un coup de pinceau donné avec liberté, et qui ne sent en rien la préoccupation et la peine. La touche doit être facile, nette, adroite.

« Il faut, pour ainsi dire, dit M. Bouvier, auquel nous empruntons tout ce qui va suivre, que la petite élévation de couleur que comporte une touche lumineuse soit un résultat spontané; on doit y voir l'inspiration; elle ne doit jamais être reprise ni retouchée : qui dit une touche, dit un seul coup de pinceau hardi et nerveux, large ou délicat. C'est ainsi qu'on parvient à caractériser la forme et la nature de l'objet qu'on veut représenter : or, une touche arrangée, reprise et léchée, n'est plus une touche; elle a perdu ce qui en fait l'essence et le mérite, l'expression spontanée d'un coup de pinceau spirituel, libre et savant.

« Tout ce qu'on fait hardiment et comme à la volée prend un air élégant et gracieux : c'est une vérité d'expérience que l'on ne saurait nier.

« Si l'on trace un ornement ou une lettre majuscule à main levée, l'ouvrage a toujours plus d'élégance, malgré ses imperfections, que celui qu'on aura tracé péniblement et posément avec toute l'attention et la symétrie possible. Il en est de même d'une touche hardie. Qu'on l'exécute avec le pinceau, le crayon ou la plume, elle a je ne sais quoi d'attrayant et de spirituel qui décèle d'autant mieux le talent et l'intention de celui qui l'a faite, qu'il a mis moins d'hésitation à la produire : il semble que le sentiment de l'artiste passe dans ses doigts avec la rapidité du fluide électrique. S'il hésite, s'il s'arrête dans l'espoir de faire mieux, l'inspiration se refroidit, il ne fera pas aussi bien.

« Voilà pourquoi un croquis fait par un homme habile donne tant de plaisir à un véritable connaisseur; voilà encore d'où vient la difficulté, pour ne pas dire l'impossibilité, de copier un croquis spirituel, malgré les négligences et souvent même les incorrections qui s'y trouvent. Vous n'y verrez ni un dessin bien pur, ni la douce harmonie qu'on admire dans un dessin soigné et châtié; mais il exprime plus de choses que des ouvrages achevés qui ne sont que le produit de la patience dénuée de verve, de chaleur et de sentiment. Exprimer beaucoup avec quelques traits de crayon, n'est-ce pas la même chose que de communiquer beaucoup d'idées en peu de mots? Or, tout homme qui peut faire un croquis ou une esquisse spirituelle doit avoir nécessairement une touche spirituelle, même dans ses ouvrages les plus travaillés, si d'ailleurs il a acquis assez d'expérience pour être maître du maniement de la couleur.

« Aussi est-ce particulièrement à la nature de la touche que des yeux exercés reconnaissent qu'un tableau est de tel ou tel peintre, et avec assez de certitude pour ne prendre presque jamais une copie, aussi bonne qu'elle soit, pour un original.

« La touche d'un grand maître porte un caractère si distinctif, qu'il est mille fois plus difficile de l'imiter parfaitement, qu'il ne l'est de contrefaire une signature ou une écriture quelconque.

« Que l'on ne s'étonne donc plus qu'un original soit facilement distingué d'une copie par le véritable connaisseur. La plus grande difficulté consiste dans le grand nombre des peintres qu'il faut avoir étudiés au point de s'être identifié, en quelque sorte, avec leur genre et leur manière de peindre. Cette étude est longue, et elle exige un goût fin et un tact naturel. C'est pour cela qu'il est si peu de vrais connaisseurs.

« Un copiste peut calquer les contours sur l'original ; il peut même imiter assez bien l'effet, la couleur et les expressions de tête, s'il est doué de quelque talent ; mais il échouera dans la touche, qui est l'âme de l'original. Je dis plus : un peintre qui se copie lui-même, comme cela arrive souvent, n'a pas le même abandon, la même franchise de touche dans sa copie, par cela seul qu'il s'est imposé la tâche de copier, et qu'il ne travaille plus de première inspiration. Je l'ai toujours éprouvé moi-même, et tous mes confrères m'ont avoué avoir été dans le même cas.

« Qu'on n'infère pas de là qu'il ne s'agit que d'avoir des touches libres et hardies pour produire d'excellents ouvrages ; il faut que ces touches soient posées avec la plus grande justesse, tant pour la vérité du ton que pour la forme qu'elles doivent exprimer ; il faut qu'elles ne soient ni lourdes, ni maigres, ni sèches, mais harmonieuses, moelleuses, expressives et naturelles. Que d'analogie dans les moyens qui sont à la disposition de l'homme pour communiquer ses idées !

« Qu'un orateur débite les phrases les plus fleuries ; qu'il fasse résonner les mots les plus harmonieux, on blâmera le luxe de ses paroles, et l'on n'y verra que de l'affectation s'il ne frappe pas notre jugement par la vérité de ses raisonnements et par la justesse de ses pensées : l'on n'aura entendu que des mots. Il en est de même d'un peintre qui abuse de sa facilité ; il nous éblouit un instant, mais bientôt nous n'apercevons dans son ouvrage que le mécanisme de la main ; il ne parle point à notre imagination, il ne satisfait pas notre goût ; nous lui préférons avec justice des ouvrages timidement peints, mais dans lesquels on découvre des intentions louables et des parties bien étudiées.

« Travaillez donc longtemps; mûrissez par l'étude et la réflexion votre jugement et votre talent, avant de vous croire capable de briller par la liberté du faire et de la touche, car elle n'est que le résultat du savoir : comme elle est la marque distinctive d'un peintre consommé dans son art, elle ne sera jamais l'apanage des commençants ni des talents vulgaires.

« Finissons, sur ce sujet, par une observation importante. Un petit tableau de chevalet, qui est fait pour être vu de près, ne doit pas être empâté et touché avec autant d'épaisseur de couleur qu'un tableau de grande dimension : le genre et le plus ou moins de délicatesse du travail doivent être proportionnés à la grandeur du sujet et à la distance d'où il doit être vu. On sent combien il serait déraisonnable de traiter de même un tableau de quinze ou vingt pouces et un autre de quinze ou vingt pieds. La manière doit être beaucoup plus délicate dans le premier, et beaucoup plus large dans le second, sans quoi l'on ferait un effet très-raboteux et très-désagréable à l'œil, qui doit s'en approcher de très-près, et l'autre perdrait beaucoup de son nerf et de son effet, ne devant être jugé que d'assez loin [1]. »

[1] L'on s'accorde généralement à dire que la distance où le spectateur doit se placer pour voir un tableau et en bien juger est de deux fois sa plus grande dimension. D'après cette règle, les peintres peuvent aisément calculer le degré de fini ou de large qu'ils doivent donner à leurs ouvrages pour obtenir tout l'effet qu'ils en attendent. Les spectateurs et les peintres myopes ou presbytes doivent prendre des lunettes et ne pas s'obstiner à regarder à l'œil nu.

« Tenez-vous dans un juste milieu (dit toujours le même auteur dans un autre passage); employer trop ou trop peu de couleur devient nuisible. On voit des jeunes gens qui empâtent leurs tableaux comme ferait un maçon. Il est vrai que Rembrandt et d'autres grands coloristes ont souvent mis de grandes élévations de couleur dans leurs ouvrages; mais qu'on ne s'y trompe pas, ce n'est pas en cela qu'ils sont admirables. Ces grands maîtres n'ont point eu l'intention de faire de leurs tableaux des bas-reliefs coloriés, ils étaient trop savants pour goûter un si mauvais genre; mais sévères envers eux-mêmes, ils ne se sont pas contentés facilement sur l'effet de leurs ouvrages et la vérité de leur coloris; c'est pourquoi ils ont peint et réempâté souvent leurs tableaux jusqu'à entière satisfaction : voilà ce qui a produit ces hauteurs de couleurs quelquefois excessives. S'ils eussent trouvé d'emblée le ton juste, ils s'y seraient arrêtés, s'exemptant de ces tâtonnements pénibles et de ces retouches multipliées qui, amoncelées les unes sur les autres, ont enfin produit des saillies de couleur fort peu agréables à l'œil, et que même on appelle vulgairement des *croûtes*, quand elles n'ont d'autre mérite que leur épaisseur. »

« Posons en principe, ajoute plus loin le même auteur, qu'il ne faut pas copier les grands maîtres par leurs côtés défectueux, ce qui est toujours facile, mais s'efforcer d'arriver aux mêmes effets sans rechercher le mécanisme, quelquefois fautif, de leur manière. »

TROISIÈME PARTIE

DU BEAU — DE LA GRACE — DU SUBLIME

DU BEAU DANS LES ARTS

Intérêt de cette étude.

L'étude du beau doit intéresser même les personnes étrangères aux beaux-arts, car, comme l'a dit un moderne, n'est-ce pas jouir de la nature et exister mieux que d'en apercevoir la beauté?

Le sentiment du beau est aussi naturel à l'homme que celui du bien et du mal. En effet, l'enfant bâtit une petite maison, un mur n'étant pas d'aplomb déplaît à son organe naissant. — Un paysan veut placer une image dans sa chaumière; avant de la fixer il appelle sa femme et toutes les personnes de la maison pour savoir si elle est clouée droit. — Pourquoi? — Parce qu'ils ont le sentiment de l'ordre et du beau.

Mais alors, dira-t-on, s'il est vrai que l'homme possède en lui le sentiment du beau, il est donc inutile d'en étudier les règles, et son instinct pourra lui suffire? Malheureusement il n'en est pas ainsi, sans doute parce qu'il n'en a qu'une vague intuition; aussi voyons-nous tous les jours des personnes qui semblent même en être complétement dépourvues ; mais il faut attribuer ce mauvais goût à la mode qui peut nous faire trouver beau un moment ce qui est laid. Le beau général, le beau dans les arts, au contraire, est toujours le même dans tous les temps et dans tous les pays. La Vénus de Médicis ne serait pas moins belle à Rome qu'à Moscou, à Berlin ou à Philadelphie qu'à Florence. Mais une belle à la mode, une belle du monde verra ses charmes contestés dans ses voyages, et telle qui aura trouvé des adorateurs à Paris ne rencontrera peut-être que des dédaigneux à Londres ou à Milan.

Mais enfin, objectera-t-on encore, la preuve que les règles sont inutiles, c'est que tous les écrits que les philosophes ont laissés sur cette question, loin d'apporter la lumière, n'ont fait que l'embrouiller davantage. Voici une erreur qu'il vous sera facile de vérifier quand vous connaîtrez les lois du beau, et vous verrez que les écrits des philosophes sur ce sujet ne sont pas éloignés les uns des autres autant qu'on pourrait le croire au premier abord, et qu'ils ne diffèrent guère entre eux dans le fond.

Vous ne pourrez toujours pas nier, direz-vous, que les anciens n'ont jamais écrit sur le beau, ce qui prouve qu'ils n'avaient pas de règles, et ce qui n'empêche pas que, malgré toutes nos théories, nous ne pouvons les égaler? — Détrompez-vous encore, les anciens n'ont pas laissé de doctrine complète sur le beau, il est vrai, mais leurs ouvrages nous prouvent, par leur excellence invariable, qu'ils avaient des règles fixes, connues des adeptes seulement, et qui ont été perdues depuis. Ils possédaient dans l'art certains principes indépendants de la science des formes anatomiques, naturelles et vraies, au moyen desquels toutes les productions artistiques qui dépendent de l'optique, telles que l'architecture, les ornements et toutes les représentations en général, même les moins importantes, comme, par exemple, les vases, les meubles, les médaillons ou certains ustensiles, avaient reçu un caractère de beauté, d'ordre, de réserve et de grâce qui attache et laisse dans l'âme quelque chose de grand et d'imposant.

Ce que c'est que le beau.

Comme nous venons de le voir, l'étude du beau est donc nécessaire ; aussi l'artiste qui veut obtenir des succès, et qui, par conséquent, vise à produire le plus haut degré de beauté possible dans ses œuvres, doit-il avant tout apprendre à la connaître et savoir les éléments qui la composent, afin de se les approprier. Alors seulement il pourra marcher avec assurance, et si par hasard il vient à s'écarter de la bonne voie, la théorie sera pour lui une boussole assurée qui le ramènera dans le droit sentier.

Mais comment obtenir ce beau, source de tant de contestations ? Pour cela, il suffira de remarquer que l'homme étant composé de sens et d'intelligence, pour qu'un objet lui plaise complétement, il faut qu'il plaise tout à la fois à ses sens et à son intelligence, c'est-à-dire à ses yeux et à son esprit.

La beauté se divisera donc en *beauté optique* et en *beauté intellectuelle*, et un objet sera d'autant plus beau que ces deux genres de beautés seront plus fortement concentrés en lui, et d'autant plus laid, qu'il en sera plus ou moins complétement dépourvu. C'est pourquoi la réunion de ces deux espèces de beautés formera la beauté parfaite ou *idéale*, de même que la réunion des deux espèces de laideur produira la laideur par excellence, ou idéale aussi.

On pourrait objecter, et avec raison, qu'il y a trois choses chez l'homme : les sens, l'esprit et le cœur. Il y aurait donc le beau pour les organes physiques, le beau pour l'esprit ou l'intelligence et le beau pour l'âme ou pour le cœur, qui serait le beau moral en particulier. Cependant, je préviens que par intelligence j'entends dire ici intelligence morale.

Nous avons vu que la réunion du plus haut degré de beauté optique au plus haut degré aussi de beauté intellectuelle formait le *beau idéal* ou par excellence; mais ce n'est là que le beau idéal terrestre, si je puis m'exprimer ainsi, car au-dessus se trouve le *beau divin*, dont celui que nous pouvons atteindre n'est qu'un reflet, une émanation pour ainsi dire; aussi : « Le beau ineffable, le beau immortel (ou idéal), dit Maxime de Tyr. (Dissert. 27), existe d'abord dans le ciel et dans les substances qui sont dans le ciel. Là il se maintient pur. Mais en descendant des cieux ici-bas, il s'obscurcit par degrés et finit par s'évanouir, de manière que le connaisseur vulgaire en peut à peine discerner les vestiges. »

Si donc toute la beauté que les arts peuvent produire est si éloignée de la beauté archétype, qui est hors de notre portée, quels efforts ne doivent pas faire les artistes pour nous offrir au moins les degrés possibles du beau! Mais tout en cherchant le beau par excellence, il ne faut pourtant pas mépriser et délaisser la nature, et prendre pour une laideur de forme ce qui n'est souvent qu'une laideur de l'aspect.

Le malentendu au sujet du mot *idéal* vient surtout de ce que l'on a appliqué ce mot à l'imitation au lieu de l'appliquer à l'effet que l'imagination produit sur l'âme du spectateur. Il ne doit y avoir rien d'idéal dans l'imitation; mais comme il faut réveiller l'idée du *beau infini* et absolu dans laquelle gît l'idéal, il faut n'employer ce mot que pour exprimer *cette fin*, et non pas le *moyen* qui est l'imitation de la nature.

La beauté, supérieure aux beautés individuelles qu'ont obtenues les Grecs, et que nous appelons idéale, parce que nous la considérons comme issue plutôt de leur génie que de la nature, n'est cependant pas imaginaire; les éléments en sont positifs, vrais; seulement ils ont été obtenus par des moyens collectifs. Mais il ne s'agit ici que du beau idéal optique seulement, car c'est vers ce but surtout que tendaient tous les efforts des Grecs, qui avaient voué une sorte de culte à la perfection physique et matérielle.

Dans la nature, sauf de rares exceptions, le vrai est toujours convenable et par conséquent beau pour l'esprit; mais, d'une part, ce vrai ne réunit pas toujours le plus haut degré de convenable possible, il s'y trouve même très-rarement; d'autre part, il manque très-souvent de beauté optique. Or, il faut observer que l'on exige non-seulement la vérité et la propriété dans l'imitation des objets, mais qu'on exigera aussi, si cet art est la peinture, le plus haut degré possible de beauté optique. Or, la nature est parfaitement belle collectivement, mais elle ne l'est pas toujours individuellement. Se contenter de copier la nature telle qu'elle se présente, c'est-à-dire le vrai, ce n'est donc pas toujours atteindre au plus haut degré de beauté possible. L'art doit imiter la nature, on en convient, mais l'art doit combiner les convenances et les beautés individuelles de la nature pour produire un beau d'un ordre non supérieur à l'ordre des plus grandes beautés naturelles, puisque cela ne se conçoit pas, mais supérieur aux beautés individuelles et accidentelles de la nature. « L'art, dit M. Em. David, doit tendre sans cesse à représenter la beauté, comme la nature tend sans cesse à la produire. »

C'est ainsi qu'en ont toujours agi les anciens. Aussi les costumes, dans les statues grecques et romaines, de même que dans les bas-reliefs, ne sont pas toujours d'accord avec les descriptions écrites que nous en donnent les historiens, c'est que les artistes en rejetaient souvent quelques parties ou leur donnaient un autre arrangement, lorsqu'elles ne leur semblaient pas conformes aux lois du beau. Les Grecs, a-t-on dit, prirent et se donnèrent réellement la nature pour modèle; les modernes, au contraire, ont pris seulement un modèle pour la nature. Cependant, cette règle des Grecs à l'égard du costume a été également observée depuis par les modernes, non-seulement lorsqu'il s'est agi de costumes anciens, mais encore pour des costumes contemporains, au sujet desquels ils étaient plus exposés à la critique que pouvait motiver d'immédiates comparaisons. C'est ainsi que Rubens, Van Dyck, Giorgione, Wander-Meulen, Rembrandt et beaucoup d'autres retroussaient, brisaient, ajustaient un pan de vêtement, une manche, une collerette ; un feutre même et ses panaches se pliaient sous la loi du beau, et par cela seul ils se distinguèrent d'une foule de pauvres peintres, esclaves ignorants du patron taillé sous leurs yeux.

« La peinture monumentale (ou la grande peinture), dit avec raison M. de Calonne (*Revue Contemporaine*, octobre 1860), n'a pas pour mission de dessiner des planches de costumes et de mobilier pour l'archéologue, mais de représenter les hommes dans leurs grandes actions, dans les grands mouvements de leurs passions et de leurs sentiments. Que le peintre s'écarte le moins souvent possible du détail historique, je le veux bien, mais qu'il n'oublie pas, pour s'y complaire, ce côté bien autrement élevé de l'histoire, le caractère des personnages, et cette condition essentielle de l'art, leur mise en relief dans un ensemble harmonieux. Hors de là, il n'y a point d'art, il n'y a que des albums de costumiers et de tapissiers. »

Le beau intellectuel peut compenser le manque de beau optique.

Le beau intellectuel ou moral peut quelquefois suppléer au manque de beau optique et l'absence d'un genre de beauté peut être compensée par la présence de l'autre ; c'est pourquoi l'objet qui se trouvera dans cette condition n'en sera pas moins beau de la beauté générale. C'est ce qui fait qu'il existe différents degrés de beauté et de laideur ; c'est ce qui fait aussi qu'on ne s'entend pas sur cette question si l'on n'emploie pas cette analyse.

En voulez-vous un exemple : voyez le corps nerveux, musclé et bruni par les intempéries d'un fier guerrier; nous y trouvons autant de ce que nous appelons beauté générale que dans la figure plus unie et plus tendre d'un jeune homme dont les membres pleins et arrondis offrent à l'œil un clair-obscur harmonieux.

L'habitude des vêtements ridicules peut même nous les faire paraître beaux, malgré leur laideur optique, parce que nous y associons l'idée du beau de convenance ou intellectuel. Les gens insensibles au beau optique ne trouvent point de beauté dans les costumes grecs ou romains, parce que leurs idées les éloignent trop de ces mêmes costumes et qu'il ne leur reste plus pour les apprécier que le sentiment du beau intellectuel qui a été vicié par ce qu'on est convenu d'appeler, si inconsidérément, le bon ton.

La pâleur de Phèdre ou de Niobé sera appelée belle, bien qu'elle ne flatte pas l'œil aussi agréablement que l'incarnat brillant de la joie; c'est parce qu'il y a beauté pour l'intelligence.

L'incarnat qui brille sur les joues de cette mère de famille, qui s'est fardée pour briller dans un cercle, sera appelé laideur, bien qu'elle flatte l'œil plus agréablement que la pâleur de Phèdre ou de Niobé, parce qu'il y a défaut de convenance ou laideur pour l'intelligence.

C'est pour cette raison encore que si les traits d'un individu sont semblables à ceux d'un animal féroce, on ne peut l'envisager sans terreur. Cependant, on voit des figures bien plus laides que celles-ci de la laideur optique ne pas inspirer les mêmes sentiments. On en voit qui ressemblent à certains poissons et qui portent gravement un profil de carpe, ou bien encore toute la physionomie et tous les traits d'un mouton, d'un dogue, d'un oiseau, etc. Le public les trouve moins laides, c'est-à-dire moins haïssables, parce que ces animaux n'ont rien de haïssable eux-mêmes.

Un sujet doit donc toujours intéresser optiquement quelque grand que soit son intérêt moral. Mais le manque d'intérêt moral se faisant sentir, la beauté optique du spectacle ne saurait nous dédommager et nous empêcher de mésestimer l'artiste.

Maintenant que nous savons ce que c'est que le beau optique et de quels éléments il se compose, nous pouvons répondre à cette question que je rencontre dans un traité du beau dans l'art:

« Le beau de l'art est-il le beau de la nature? Ce « chêne fait-il aussi bien dans la forêt que dans le « tableau ? Souvent il fait mieux dans le tableau, « car dans la forêt on ne le remarque guère; ce n'est « pas tout pourtant. Voici un chêne superbe, vigou- « reux, puissamment feuillu, digne de Dodone et des « bois druidiques; en voilà un autre au tronc contre- « fait et crevassé, à la tête découronnée par la foudre, « aux branches rompues et semblables à des moi- « gnons, un chêne ragot, comme dit M. Topffer; « eh bien! s'il est reproduit par un pinceau habile, il « sera préféré au premier par plus d'un amateur. « Cependant la beauté du chêne est-elle d'être déjeté, « fendu, plein de coudes et de rugosités difformes, à « moitié chauve ou coiffé d'un feuillage lacéré et « roussi? Certes, rien n'est plus éloigné de l'idée « d'un bel arbre que de semblables traits. »

Nous comprendrons pourquoi le chêne ragot de M. Topffer plaît davantage à certains amateurs que ce chêne superbe et puissamment feuillu; nous verrons que c'est parce qu'il y a beauté pour l'intelligence, qui compense ici le manque de beauté optique; c'est parce que ce vieux tronc crevassé, à moitié chauve ou coiffé d'un feuillage lacéré et roussi, contient tout un roman pour l'homme dont l'intelligence est développée, et qui a tant soit peu d'imagination, tandis qu'il ne produira aucun effet; que dis-je? il paraîtra même laid, c'est-à-dire tel qu'il est réellement, à celui qui aura l'âme froide et sans poésie, à celui enfin qui, comme dit M. Topffer, sera privé du sixième sens; aussi mettra-t-il le premier bien au-dessus du second. Pour celui qui a eu, comme moi, l'occasion d'apprécier le goût artistique des paysans, en général, et des gens sans imagination, ceci ne fera pas le moindre doute.

LOI DES UNITÉS.

Sit quodvis simplex, duntaxat et unum.
(HORACE.)

Si nous cherchons la source du beau optique et intellectuel, nous la trouvons dans l'*Unité*, et cela parce que notre organisme ne peut percevoir pleinement qu'une seule sensation à la fois. L'expérience le prouve: c'est ainsi que les trois couleurs primitives, également vives et mêlées ensemble, ne produisent que du gris ou un ton incolore. Un orchestre nombreux dépendant d'une musique sans ordre ne produit que du bruit. Aussi le grand principe des Grecs, par lequel ils embellissaient un tout ou ses parties, était-il le principe de l'unité. Si plusieurs fragments de leurs ouvrages nous semblent pécher contre cette règle, c'est parce que nous ne pouvons pas les voir dans leur ensemble et les juger comme ils le méritent.

Les plus belles têtes sont aussi celles dont les traits sont le moins variés et par conséquent les plus simples; et les têtes de Niobé sont aujourd'hui ce que nous avons de plus beau en ce genre. Ce qui déplaît dans ces têtes à certaines personnes, ce n'est pas l'ordre optique des parties, c'est l'expression des physionomies, c'est le beau pour l'esprit qui vient chez elles neutraliser le beau pour les yeux. De même, elles n'aiment pas l'architecture simple, non parce qu'elle déplaît à leur organe, mais parce qu'elle choque leur esprit, qui par beauté entend richesse, variété extrême, fracas et bigarrure.

Dans un tableau de plusieurs figures l'unité optique exige qu'une de ces figures soit dominante et une; la convenance exige que cette même figure soit la plus intéressante du sujet. Elle pourra être dominante par plusieurs moyens ou unités ; elle pourra l'être par sa disposition grande, simple et remarquable, par son clair-obscur distingué, par ses vêtements et par leur couleur, par l'intensité de son caractère enfin, etc. Les autres figures doivent céder non-seulement à cette figure dominante, mais elles doivent se céder elles-mêmes les unes aux autres graduellement, en sorte que chacune devienne une unité subordonnée et à l'unité dominante et aux autres unités secondaires qui sont au-dessus d'elle. Enfin doivent venir en dernier lieu les figures ou les objets tout à fait subordonnés et qui offrent des unités d'un ordre encore plus subalterne. Voilà ce qu'on appelle la multiplicité ou la variété dans l'unité. Il est facile de comprendre que ces unités subordonnées ne doivent point, par leur caractère trop étrange et trop différent, devenir de secondes unités principales et discordantes. La règle voulant donc que toutes les unités secondaires soient subordonnées à la principale et à leurs supérieures respectivement, il doit nécessairement résulter de ce principe bien observé un principe harmonieux formé par toutes les concordances subordonnées; car il y aura accord et non similitude, diversité et non dispute.

I

DU BEAU OPTIQUE.

Qu'est-ce que le beau optique? Les objets sont-ils réellement beaux par eux-mêmes, ou bien ne nous semblent-ils tels qu'en vertu des lois de notre esprit? Ce sont là des questions bien abstraites et qui, du reste, importent peu aux progrès des beaux-arts; aussi nous abstiendrons-nous de les traiter, renvoyant aux ouvrages spéciaux ceux qui seraient curieux de s'en instruire.

Nous nous bornerons à observer que le beau optique *parfait* n'existe dans rien de particulier, mais seulement dans la nature en général. Il en résulte qu'il n'y a peut-être pas un objet dans la nature qui ne soit susceptible d'être embelli plus au moins, et pour lequel nous ne nous formions un type plus parfait encore, qui nous sert de terme de comparaison. Si donc nous parvenons à découvrir par quelle opération nous pouvons embellir tous les objets de la nature, n'aurons-nous pas atteint notre but? Peu importe que nous puissions définir ou non le beau optique.

Mais par quels moyens parviendrons-nous à embellir tous les objets de la nature, même les plus laids ? Avant de répondre à cette question, il est important de savoir que dans le beau optique parfait il y a deux choses, deux éléments à distinguer et qui peuvent exister indépendamment. Leur réunion sur un même objet constitue le beau optique parfait ou idéal, de même que leur absence totale constitue la laideur optique par excellence ou idéale aussi. Remarquons, en passant, comme nous l'avons fait pour la beauté optique et intellectuelle, que la privation d'un genre de beauté peut être compensée par la présence de l'autre, ce qui fait que l'objet qui possédera une de ces qualités n'en sera pas moins beau de la beauté optique générale.

Le premier genre de beauté, que j'appellerai *intrinsèque*, est celle qui est de l'essence même de l'objet et qui existe indépendamment de toute disposition ou arrangement. C'est ainsi, par exemple, qu'un corps est beau optiquement lorsque toutes ses parties sont bien proportionnées et d'une belle couleur de carnation ; c'est ainsi encore qu'une étoffe est belle optiquement si le tissu qui la compose est tout à la fois riche, souple, régulier et d'une couleur fraîche et agréable, et cela quelle que soit la disposition qu'offrent les parties de ce corps ou de cette draperie.

Le second genre de beauté, que j'appellerai *extrinsèque* ou *pittoresque*[1], est celle qui est en dehors de l'objet même; qui peut être ajoutée à la première, comme aussi elle peut en être détachée et exister sans elle. C'est ainsi qu'une étoffe belle de tissu et de couleur sera encore plus belle si elle est drapée agréablement et d'une manière pittoresque; c'est ainsi

[1] Dans son acception la plus grande, le *pittoresque* est tout ce qu'il y a de plus saisissant, de plus imposant, de plus extraordinaire enfin pour les sens et l'esprit du spectateur. Mais de même qu'il y a des degrés dans le beau, dans le bon, dans le juste et dans toutes choses, en un mot, on peut dire aussi qu'il y a des degrés dans le pittoresque, et alors nous dirons que, dans son acception la plus restreinte, le pittoresque est tout simplement : l'agrément, le plaisir, ou le charme que cause la vue d'un objet, quelque faible que soit le degré d'intérêt qu'il présente. On peut donc avancer que le pittoresque est sinon la source unique du plaisir optique que nous cause la vue de toutes choses; du moins qu'il en est une condition essentielle et sans laquelle les objets, même les plus beaux, pris isolément, ne produisent sur nos yeux aucune impression agréable.

Maintenant s'il s'agit d'aller plus loin et de définir le pittoresque ou le plaisir pour les yeux, ne pourrait-on pas dire que (toute convenance ou beauté intellectuelle à part) c'est la plus grande variété possible. Mais notre organisme ne pouvant percevoir pleinement qu'une sensation à la fois, comme nous le verrons tout à l'heure, il faut que cette grande variété soit soumise à l'*unité;* d'où on pourrait conclure, enfin, que le pittoresque dans son acception la plus grande, c'est l'*unité dans la plus grande variété possible*, et dans une acception plus restreinte, l'*unité dans plus ou moins de variété,* selon l'exigence du sujet. Enfin, le pitqu'un corps, beau de proportions et de couleur, sera bien plus beau s'il est dans une attitude souple, gracieuse ou énergique, mais toujours pittoresque, et qui fasse ressortir toutes les qualités qui lui sont inhérentes; c'est ainsi, enfin, qu'un chêne vigoureux, puissamment feuillu, et beau par conséquent, sera bien plus beau encore si la disposition optique de toutes ses branches et de son feuillage offre un ensemble pittoresque et harmonieux[1].

Le beau optique intrinsèque peut exister sans le beau pittoresque, et réciproquement, avons-nous dit; on en voit tous les jours des exemples : pour s'en convaincre, il suffit de jeter les yeux autour de soi. Une belle personne qui est ordinairement gauche dans

toresque pour l'imagination peut quelquefois compenser le manque de pittoresque pour les yeux ou y ajouter.

[1] Enfin, on peut dire qu'il y a un troisième genre de beauté optique, qui n'en est pas un à proprement parler, car il est difficile de savoir au juste s'il résulte de la satisfaction des yeux ou de celle de l'esprit. Je veux parler du plaisir que cause à tout spectateur la parfaite imitation de tous les objets de la nature, même les plus laids, quand ils sont reproduits par un pinceau habile. C'est qu'en effet il y a toujours pour l'homme dans la difficulté vaincue un attrait et un charme irrésistibles, qui attirent l'étonnement et une certaine admiration, même des personnes qui, par leur savoir, semblent devoir être à l'abri de pareilles surprises. La preuve, c'est que les effets de lumière, par exemple, bien rendus en peinture, excitent bien plus les exclamations de la foule ignorante que celles des artistes et des amateurs instruits, qui savent que de pareilles illusions ne sont pas les plus grandes difficultés de l'art. C'est ainsi, encore, que l'on voit tous les jours les sujets de peinture les plus laids et les plus insignifiants attirer les cris d'enthousiasme, même des artistes et des connaisseurs, et

son maintien possède le premier genre de beauté, mais elle manque du second ; un arbre magnifique, dont les branches et le feuillage offrent un ensemble de lignes laid et disgracieux, est encore dans la même condition. Au contraire, un vieux chêne, au tronc crevassé et rongé par la mousse, au feuillage lacéré et roussi, mais dont l'ensemble sera pittoresque et harmonieux, manquera du premier genre de beauté, mais il possédera le second ; c'est pourquoi il n'en sera pas moins beau de la beauté optique générale, parce que, comme nous l'avons vu plus haut, il y aura compensation [1].

Dans une œuvre d'art il n'est pas toujours nécessaire de viser au premier genre de beauté ou à la beauté optique intrinsèque, car il faut se conformer avant tout à la convenance ou à la beauté intellectuelle du sujet ; s'il en était autrement, on serait obligé de condamner comme monstrueux de très-beaux tableaux tant anciens que modernes, et qui ont toujours attiré l'admiration universelle. Aussi, quand on dit qu'il ne faut prendre que le beau dans

cela parce que le peintre a montré un pinceau facile dans la parfaite imitation de ces très-vilains objets. Mais, je le répète, ce plaisir résulte plutôt de la satisfaction de l'esprit que de celle des yeux, puisque de pareilles peintures paraissent laides à ceux qui ne sont pas à même d'apprécier le mérite de l'exécution.

[1] Il ne faut pas perdre de vue qu'il ne s'agit ici que de la beauté optique, et qu'un objet qui en serait complétement dépourvu pourrait encore être beau de la beauté générale s'il était beau pour l'âme ou l'imagination : tel serait ce vieux chêne, en admettant même qu'il ne possède pas la beauté optique pittoresque, pourvu qu'il soit fidèlement reproduit par un pinceau habile.

la nature, on ne veut pas dire par là qu'il ne faut choisir que les objets qui sont parfaitement réguliers, sans la moindre dégradation ou trace de vétusté, car il peut se faire, au contraire, que des objets complétement difformes ou délabrés réunissent la condition de beau que l'on demande, ce qui a lieu quand le sujet ou le beau pour l'intelligence ou l'imagination exige un pareil choix. Mais *dans aucun cas* on ne peut se dispenser du second genre de beauté optique ou du beau pittoresque ou de disposition; et l'artiste est obligé, quand les objets qu'il prend pour modèles dans la nature ne remplissent pas cette dernière condition, ou de les abandonner pour en chercher de plus convenables, ou de les disposer, s'il est possible, de manière à ce qu'ils présentent ce second genre de beauté.

Que fait Rembrandt, par exemple, lorsqu'il veut nous représenter le repaire d'un vieil usurier? Il commence par prendre aux antiques édifices leurs arcades noires et mystérieuses, leurs vitraux jaunis, leurs escaliers en colimaçon et qui se perdent dans les voûtes; des tons fauves et étincelants brillent çà et là dans les recoins les plus profonds; ce sont des vases d'or et d'argent qui gisent pêle-mêle et en désordre parmi de vieux bouquins à moitié rongés, des ustensiles de toutes sortes et toute la friperie enfin du marchand de bric-à-brac; puis, près d'un vieux meuble disloqué et vermoulu, et plongé dans une atmosphère enfumée, apparaît, lisant dans du grimoire, le vieillard au front le plus chauve et le plus ridé, au teint le plus basané, aux yeux les plus chassieux, à tout l'ensemble enfin le plus sordide et le plus rance que l'on puisse imaginer. Jusque-là, il faut avouer qu'il n'y a rien que de très-laid pour les yeux, et si le grand plaisir qu'un tel spectacle peut offrir à l'imagination ne venait compenser le manque de beauté optique, un pareil tableau ne pourrait guère causer d'autre satisfaction que celle qui peut résulter de la parfaite imitation de tous ces très-vilains objets. Mais est-ce bien la beauté intellectuelle et la parfaite imitation seulement qui constituent tout le mérite des tableaux de cet étrange artiste? Non sans doute, car ils possèdent aussi à un très-haut degré la beauté optique, je veux dire le second genre de beauté optique ou le pittoresque. C'est pourquoi ses chefs-d'œuvre dans ce genre sont parfaitement beaux, quoi qu'en disent certains critiques, et cela parce qu'ils sont tout à la fois beaux pour les yeux et beaux pour l'imagination.

On peut faire des réflexions analogues pour la couleur, le clair-obscur et la touche. Ainsi, par exemple, je suppose que vous placiez à côté d'une étoffe du rouge le plus éclatant une autre étoffe d'égale grandeur et du plus bel azur, puis enfin une troisième de pareille dimension et du jaune le plus brillant; chacune de ces trois couleurs portée à son maximum d'énergie colorifique et également éclairée possède la beauté intrinsèque par excellence, leur ensemble offre une partie du pittoresque, la variété; mais, comme nous l'expliquerons plus loin, elles manquent d'unité dans la variété, aussi elles se nuisent mutuellement, et loin d'offrir un ensemble harmonieux et agréable, elles disputent d'effet, et présentent un aspect criard et discordant.

Il s'agit de chercher maintenant comment nous pourrons obtenir la beauté extrinsèque ou le pittoresque, c'est-à-dire cette beauté, cette grâce que l'on peut ajouter à tous les objets, même les plus laids et les plus difformes. Pour cela il faudra remarquer que dans l'apparence des objets quelconques il y a trois choses ou trois caractères constituants à considérer, la forme, les tons ou le clair-obscur et la couleur.

Pour qu'un objet soit parfaitement beau optiquement, ou pour qu'il produise sur nous ce sentiment, il faut donc qu'il produise ce sentiment dans ces trois moyens, c'est-à-dire qu'il soit beau et par conséquent soumis à l'*unité*[1], 1° *quant à la forme*, c'est-à-dire quant aux lignes ou aux contours; 2° *quant au clair-obscur* et 3° *quant à la couleur*.

Voulez-vous des exemples d'unité dans les lignes, le clair-obscur et la couleur, examinez une colonne, par exemple; elle est une, même avec sa base et son chapiteau; mais si sur ce chapiteau on élève encore une continuation de colonne, alors elle ne sera plus une, elle prendra un caractère de duplicité.

Si cette colonne, que j'ai supposée une, était composée de deux parties, dont la supérieure serait noire et l'inférieure blanche ou dont un côté serait noir et l'autre blanc, elle ne serait pas une, optiquement parlant, c'est-à-dire qu'elle n'offrirait pas l'unité de clair-obscur sans lequel il n'y a point de beau optique complet.

Il en serait de même si l'on examinait par derrière une femme vêtue d'un corset descendant assez bas pour diviser la personne en deux parties égales et

[1] Nous avons vu, p. 77, que pour qu'un objet soit beau il faut que chacune des parties qui le composent soient soumises à l'unité.

d'une jupe qui descendrait jusqu'à la cheville du pied. L'unité doit exister aussi dans la couleur ; ainsi il y aurait laideur si dans l'exemple précédent la jupe était d'un bleu vif et le corset de couleur orange.

Ceux qui ont voulu trouver exclusivement la beauté dans la ligne, le clair-obscur ou la couleur, se sont donc trompés, car chacune de ces choses n'est qu'une partie de l'apparence des objets.

Il faut remarquer que lorsqu'un objet, beau par lui-même, n'est plus que partie d'un tout, ce ne sera plus cet objet, mais bien le tout ensemble qui sera cause du beau ou du laid. Telle serait une belle couleur qui entrerait dans une laide combinaison de coloris, ou un beau bras, une belle jambe qui ne seraient pas en proportion avec l'ensemble de la figure.

De la variété.

L'unité, loin d'exclure la variété, la commande, et il n'existe pas d'unité optique sans elle; car si toutes les parties d'un tout étaient semblables, elles seraient contraires au principe, en apportant autant de nouvelles unités se disputant entre elles. C'est ce qui fait dire qu'un contraste perpétuel devient symétrie, et qu'une opposition toujours recherchée devient uniformité. C'est ce qui a fait dire aussi, mais en d'autres termes, que l'extrême variété produit la monotonie, et qu'elle se détruit elle-même par la raison que les extrêmes se touchent.

« Une des plus fortes objections qu'on ait faites à ceux qui regardent la variété comme la source du beau, dit M. de Montabert, c'est celle que fournit le spectacle si puissant de la lumière. En effet, ce n'est point par sa variété qu'elle nous plaît, mais c'est bien certainement par son unité, son intensité et son caractère *un* dans toutes ses modifications qui en sont le multiple. »

De quel droit, du reste, l'œil exigerait-il un plus grand nombre de variétés que l'esprit n'en peut admettre? Est-ce que le sujet n'en prescrit pas seul la quantité? Et l'esprit peut-il donc retrancher impunément un certain nombre de ces éléments qui constituent le mode, le style, la vérité, le possible enfin, ou l'unité du sujet et son expression? C'est donc l'intelligence seule, et non l'œil, qui prescrit la quantité de variétés nécessaires à un tout; car bien que l'œil ait besoin de s'exercer suffisamment, son plus grand plaisir est dans la perception des rapports plutôt que dans la perception du nombre. Quand même cela ne serait pas ainsi, comme il n'est pas seul juge du beau et que l'intelligence approuve souvent un petit nombre de variétés, il en résulte que la variété n'est point un des éléments constitutifs du beau.

Si la variété était le seul moyen du beau, il n'y aurait point de terme à la quantité de caractères ou de qualités dont il faudrait décorer son ouvrage. Cette supposition répugne donc. Ainsi on ne peut pas donner à un sujet les qualités qui conviennent à un sujet d'un autre genre. Chaque chose a son degré de beauté: un sanglier est beau dans son genre comme un cheval dans le sien, un poëme épique dans son genre comme une comédie. Que penser de celui qui voudrait ajouter au sanglier les beautés du cheval, ou à la comédie celles du poëme épique? Il aurait plus de variété, il est vrai, mais cette variété serait déplaisante et hors de propos.

Il résulte de cette vérité que ce qui est qualité dans un sujet devient défaut dans un autre. On ne peut donc pas cumuler au même degré, par exemple, le grand, le gracieux, l'élégant, l'austère, le piquant, etc., car cet assemblage de caractères différents et opposés détruirait l'unité.

Il est même des cas où la monotonie, c'est-à-dire la grande simplicité, convient à la beauté et la fortifie, lorsque, par exemple, elle est en harmonie avec le sujet ou la convenance. C'est ainsi que les musiciens, dans les opéras tragiques, nous donnent quelquefois un seul son lugubre et longtemps prolongé, et cette monotonie est une beauté lorsqu'elle est en harmonie avec le sujet, tel que l'apparition d'un spectre, les gémissements d'un mâne illustre qui sollicite la vengeance, l'accent d'un dieu qui manifeste sa terrible présence....., etc., etc., etc.; de même, une grande muraille est belle dans la nature et dans un tableau, si elle caractérise le lieu qu'elle renferme et qu'elle garantit.

« Ce qui frappe d'abord quand on regarde une belle figure grecque, dit M. E. David, c'est sa grandeur et sa simplicité. L'œil, au premier aspect, est saisi d'étonnement par un ensemble imposant; bientôt il remarque les différentes masses, et il finit par découvrir d'innombrables finesses, et il reconnaît la chaleur de la nature jusque dans les plus légers détails. » Ainsi donc, et ce que l'on vient de lire le prouve, le grand style est conciliable avec l'imitation des petits détails, et c'est à tort que quelques auteurs ont prétendu que la beauté dans la figure humaine excluait les détails et les petites parties ; ils auraient dû dire les détails qui sont contraires à l'unité de caractère, tels que les rides sur un corps jeune, les veines sur le corps des grands dieux représentés habitants de l'Olympe, etc.; mais les inflexions d'une chair saine et les différents plans de cette chair ne sont, dans aucun cas, contraires à la beauté.

Les Romains furent peut-être moins imitateurs des détails que les Grecs, mais ce fut par préjugé d'école et par affectation de grandeur et de sublimité.

Quant aux détails qui entrent dans la composition d'un tableau, tels qu'accessoires, ornements, etc., ils doivent être un moyen de plus pour fortifier l'unité, et non pour la corrompre. Ils ne doivent donc pas faire autant de tableaux de natures mortes dans le tableau principal.

§ I. — Unité dans les lignes.

Par *lignes*, les théoriciens entendent la direction des masses et des formes des objets.

L'unité dans les lignes doit avoir lieu : 1° *quant à leur direction ;* 2° *quant à leur grandeur ;* et 3° *quant à leurs distances respectives.* Si une de ces trois conditions manque, il y aura un moindre degré de beauté dans le tout, ou corruption ou laideur en quelques parties. Nous allons étudier chacune de ces unités.

1° *Dans leur direction.* — L'unité, dans la direction des lignes, consiste en ce qu'une direction quelconque étant principalement adoptée et caractérisée dans le tout, il faut éviter qu'il ne s'en introduise une autre qui apporte une seconde unité, soit en étant semblable et presque aussi importante, soit en étant trop dissemblable, et par cela encore disputant avec la dominante : ainsi, deux bras parallèles ne produiront pas la beauté optique, surtout s'ils sont également éclairés et coloriés. Cependant la différence ne doit pas être telle, entre les lignes d'un tout, que l'unité adoptée soit neutralisée ou atténuée par une autre unité qui lui disputerait. Ainsi, dans une figure couchée horizontalement, un bras qui s'élèverait verticalement introduirait une seconde unité, et il y aurait duplicité.

La forme du tableau ou du cadre doit aussi être en rapport avec la nature de la ligne dominante de la composition, et être carrée, ou ronde, ou elliptique, ou allongée, suivant que les lignes de la composition présentent elles-mêmes ces formes.

Quant aux bordures festonnées et sans direction déterminée de lignes, ainsi qu'on en faisait encore au commencement du XVIIIe siècle, elles n'ont ni unité, ni beauté, et sont sans caractère.

2° *Dans leur grandeur.* — Quant à la grandeur des lignes, on conçoit, d'après le même principe optique, qu'il doit y en avoir une dominante, autrement une seconde ligne principale et aussi grande introduirait une seconde unité, et il y aurait duplicité de perception.

Mais de ce principe des oppositions que deux lignes ne doivent pas être de semblable grandeur, il n'en faut pas conclure qu'il doit y en avoir une très-grande et une très-petite, car l'unité serait également détruite par ce contraste, la petite apportant une seconde unité d'une espèce toute différente, ce qui produirait deux spectacles dans le tout.

Cette règle s'applique aussi à la dimension du fond du tableau, qui ne doit pas être aussi grande que le sujet principal, autrement il y aurait une certaine duplicité ou deux unités. A plus forte raison, ne doit-il pas être plus grand que l'objet, qui s'y trouverait comme noyé, pour ainsi dire. Mais ceci n'est qu'une règle générale, car il peut se trouver des cas où la convenance et la beauté qui doit en résulter pour l'esprit exigent le contraire. C'est au bon goût de l'artiste à décider ce qu'il faut faire.

3° *Dans leurs distances respectives.* — La même règle de l'unité, quant aux distances respectives des lignes, se conçoit aisément. C'est ce qu'on appelle l'équilibre dans la composition, c'est-à-dire que quand un côté du tableau est chargé, il ne faut pas que l'autre reste vide. Ainsi, si les écartements sont d'un intervalle à peu près déterminé par l'unité, s'ils sont d'un espace de six pouces, par exemple, ce sera introduire une seconde unité que de situer une ligne à un écartement très-différent de six pouces. C'est ainsi que dans un tableau qui offrirait un groupe assez serré, introduire une figure seule fort séparée de ce groupe, c'est introduire une seconde unité de disposition ou de distance; c'est ainsi encore que dans une figure dont les membres sont fort rapprochés, il ne convient pas d'introduire un membre placé à un écartement extraordinaire.

Mais ce dernier cas ne s'applique qu'à une figure seule et isolée, car dans des tableaux ou des bas-reliefs multiples, souvent une figure n'est pas un tout, mais une partie qu'on ne saurait désunir de ce tout, et on ne doit pas l'isoler et la détacher pour juger si elle offre seule l'unité. Cependant si, même dans ce cas, elle était conforme au principe, elle n'en serait que mieux.

Par la même loi, si les parties d'un tout sont, généralement parlant, fort espacées, il ne convient point que certaines parties principales de ce tout soient très-resserrées et rapprochées les unes des autres. Mais comme la nature des sujets fait souvent rencontrer de telles combinaisons, c'est au peintre à se les interdire ou à déguiser par des compensations (par le clair-obscur, le coloris, etc.) la perte qu'éprouve dans ce cas la beauté optique de l'ensemble. Car, quant à l'intensité et à la perfection de la beauté, le principe est rigoureux et certain.

§ II. — Unité dans le clair-obscur.

Il doit aussi y avoir unité dans le *clair-obscur*, c'est-à-dire que la masse de clair doit être une, ainsi que la masse de brun. Mais, par le même principe, ce doit être ou la masse claire ou la masse brune qui domine.

Ces masses seront unes et principales par leur volume, par leur intensité et par leur forme. Ainsi, les masses secondaires ne doivent point répéter la même unité que la masse principale de clair ou de brun, mais tout en étant différentes, les masses subalternes ne doivent point apporter une différence telle ou une unité telle, qu'elle dispute à l'unité adoptée dans la masse dominante. Par exemple, si la masse dominante de clair est un peu large et peu vive, ce serait introduire une seconde unité que d'annexer dans le tout ou d'opposer une masse peu large, mais très-vive. Il en est de même de l'unité de brun et en sens contraire, il faut tâcher que dans le plus large se trouve placé le plus intense. Dans ce cas, on obtient mieux l'unité d'effet.

Sans masses grandes et puissantes, un tableau ne peut être que faible et de petit effet. « C'est par des masses, dit Millin (*Dict.*) et non par des détails, que la nature frappe d'abord le sens de la vue, ce sont donc surtout ces masses qu'il faut offrir et représenter. »

Tiziano imagina fort ingénieusement de prendre pour exemple une grappe de raisin, afin de démontrer ce que c'est que l'effet des grandes masses : « Qu'on dissémine, disait-il, les grains de cette grappe, on ne verra que des petits points sans effet, sans ensemble. Qu'on les réunisse en groupe ou en grappe, l'œil jouira d'un spectacle débrouillé, très-sensible, très-compréhensible. »

Il doit aussi y avoir unité dans la marche de la lumière. Ainsi, comme le dit M. Sutter (*Philosophie des beaux-arts*) : « La lumière doit avoir une marche, c'est-à-dire une direction horizontale, verticale ou oblique. Ces lignes ont leur point de départ du côté de la lumière, et viennent se résoudre dans le sens opposé, comme on le remarque dans les tableaux de maîtres, ou mieux encore dans les eaux-fortes de Rembrandt, de Claude Lorrain, etc. » Nous ajouterons que cette direction de lumière étant adoptée, il serait contraire au principe de l'unité du clair-obscur d'en introduire une autre capable de disputer d'effet avec elle.

Quand je dis que la masse de clair ou d'obscur doit être une, je ne veux pas dire qu'elle doit être *unique*, car un petit point lumineux noyé dans une trop grande masse d'ombre est contraire au principe de l'unité optique en ce qu'il en résulte duplicité, c'est-à-dire que l'œil est autant affecté par la grande masse obscure que par ce petit point lumineux. Il est vrai que très-souvent Rembrandt en usait ainsi, mais il y était non-seulement autorisé, mais encore obligé par le sujet ou la convenance.

On doit donc, lorsque la masse principale claire est établie, rappeler hors et loin de cette masse de moindres masses claires afin de conserver l'unité, c'est ce qu'on appelle vulgairement des *échos*.

On peut encore ajouter que l'unité du clair-obscur, s'il constitue dans le tableau un spectacle incolore dominant, ne doit point être corrompu par des couleurs qui tendraient à devenir elles-mêmes spectacle dominant. Ce cas, qui semble d'abord trop recherché et imaginaire, survient plus souvent qu'on ne pense. « En effet, dit M. de Montabert, combien de portraits et de compositions, même de plusieurs figures qui exigent des vêtements blancs ou noirs, lesquels sont si dominants par leur volume dans le tableau, qu'ils font pour ainsi dire tout le tableau, en sorte qu'il n'y a que les fonds, presque toujours incolores eux-mêmes dans ce cas, et que les carnations qui offrent quelques couleurs! Dans de pareils spectacles, il faut n'introduire des couleurs qu'avec économie, les choisir fort en harmonie avec l'espèce de teinte des objets, et enfin éviter les chocs ou la dissonance dans cette combinaison presque incolore. »

Enfin, ajoutons que le ton de la couleur lui-même

peut être considéré comme appartenant au clair-obscur.

L'unité est donc le grand secret du clair-obscur.

§ III. — De l'unité dans le coloris.

Une couleur dominante doit être adoptée, et cette unité ne doit point être corrompue ou détruite par la présence d'une autre couleur principale et dissemblable, ou d'une autre couleur aussi principale et toute semblable.

Il faut distinguer dans le coloris, de même qu'on l'a fait dans le clair-obscur, l'*énergie* et le *volume*, et l'on doit tâcher que la couleur une par son volume le soit aussi par son énergie et son caractère; car il arriverait, par exemple, qu'un petit bleu très-vif disputerait, par son unité, à une unité rouge d'une assez grande dimension, mais d'un caractère moins énergique et moins apparent que ce bleu.

La couleur dominante d'un tableau peut être jaune, rouge ou bleue; elle peut être verte, violette ou orangée; cependant, il ne faut pas que la couleur dominante du tableau soit binaire parfait, et il convient que si elle est verte, par exemple, le jaune ou le bleu y domine, et ainsi des autres, et cela afin de faire concorder les autres couleurs avec celle de ces deux qui sera la plus énergique dans la couleur binaire adoptée pour unité.

Ce qui prouve l'utilité de l'unité dans le coloris, ce sont les estampes, qui nous plaisent très-souvent mieux que les tableaux mêmes, et cela parce qu'aucune couleur n'y est discordante, tandis qu'un petit bout de draperie d'un bleu très-pur dans un tableau, dont l'unité est orangée, détruit toute son harmonie. Ce principe est clair, il est sûr, et il explique tous les effets de coloris des tableaux.

Cependant il ne faut pas oublier qu'il est bon, comme le font certains coloristes, et surtout Rubens, d'introduire les trois couleurs primitives dans le tableau, afin de les caractériser mieux par l'opposition subordonnée de chacune d'elles.

Autant que les accidents de la nature et la disposition fortuite des objets pourront le permettre, il faudra se rappeler que l'œil aime à trouver dans l'unité dominante un point ou petite masse particulièrement dominante.

« Une seule couleur, dit Reynolds, formera tache. » Cette vérité prouve qu'il faut faire reparaître et rappeler cette couleur dominante en différents endroits du tableau, de manière à ce qu'elles soient subordonnées les unes aux autres.

Cependant, la complaisance que l'on doit avoir pour le système de l'unité ne doit pas aller jusqu'à causer de l'indifférence sur les tristes effets de la monotonie. Aussi un critique exagéré, qui venait de Londres, où il avait vu l'*Exhibition* des tableaux des artistes vivants, s'exprimait-il ainsi : « C'est une drôle de chose que ces tableaux, où des ignorants veulent à toute force produire l'harmonie dans le coloris; tous ceux que je viens de voir à Londres sont ou tout rouges, ou tout jaunes, ou tout bleus. »

§ IV. — De l'unité dans la touche.

Il n'y a pas de *touche* dans la nature, il est vrai, mais il y en a une dans l'imitation [1], et elle est soumise à la loi de l'unité.

La convenance exige que la touche la plus belle, la plus facile, la plus soignée, ait lieu sur l'objet

[1] Ce qui plaît surtout aux artistes, aux amateurs et aux intelligents dans les arts, c'est de retrouver dans les tableaux, les dessins, et toutes les œuvres d'art, en général, l'individualité de chaque artiste, l'empreinte, si je puis dire, qu'il a laissée de lui-même dans son œuvre. Or, c'est surtout par l'exécution, par la touche, que se manifeste le plus cette individualité, ce caractère du peintre; car la touche, comme le style, c'est l'homme. N'est-il pas incroyable que des professeurs prêchent tous les jours aux élèves qu'il n'y a pas de touche dans la nature, et que par conséquent il ne doit pas y en avoir dans l'imitation? Mais, s'il était juste de raisonner de la sorte, ne pourrait-on pas dire aussi, par analogie, que puisqu'il y a du relief dans la nature, il doit y en avoir pareillement dans l'imitation, et ainsi de l'air réel et de la lumière? Qu'arriverait-il si on enlevait ainsi toute individualité? Précisément ce qui arrive aux œuvres de ces peintres : c'est que tous les tableaux auraient la même physionomie froide et fatigante à contempler, ce qui leur a valu, de la part du public, l'épithète, un peu triviale, mais juste, de peintures *embêtantes*. Bien entendu qu'en préconisant ainsi la touche je ne prétends pas que l'on doive empâter ses tableaux, comme le ferait un maçon, et tomber dans la négligence et l'incorrection. Voyez les chefs-d'œuvre des maîtres, et surtout des maîtres flamands, hollandais, espagnols, etc., et vous comprendrez bien vite à quel degré il faut s'arrêter, et comment on peut conserver la touche, tout en arrivant aux dernières limites du fini le plus précieux.

principal offert par le tableau ; mais l'unité exige aussi que la touche sur cet objet ne soit point d'une espèce absolument différente de ce qu'elle est sur tous les autres. La convenance prescrit cette unité ; la nature et la perspective prescrivent cette diversité.

Qui dit touche dit coup de pinceau donné avec une entière liberté, et qui ne sent en rien la préoccupation et la peine. La touche doit donc être facile, nette, adroite. Cependant, l'unité du caractère de chaque objet ne doit point être sacrifiée à ces qualités, en sorte qu'elle devient variée par l'effet de ces mêmes variétés de caractères.

Un pinceau uniforme qui donnerait à tous les corps la même apparence répandrait sur les ouvrages une monotonie très-voisine du dégoût. En un mot, de tels tableaux, loin d'offrir la vie de la nature, sont l'œuvre engourdie d'un copiste sans pénétration et sans énergie.

« Ce défaut est plus commun qu'on ne pense, dit M. de Montabert (ch. CLXXIII). Le Brun, par exemple, dans ses batailles d'Alexandre, a peint les chairs, les pieds des chevaux, les casques, les draperies, les terrains avec la même fonte, la même douceur fade qu'il avait mise en mode dans toutes les productions de la peinture et de la sculpture si étrangement soumises à son influence, à sa seule juridiction. Ce pinceau doucereux plaisait à la cour, et Mignard, qui épiait l'occasion, ne manqua pas d'en tirer parti. Vingt-cinq ans plus tard, Jouvenet, au contraire, peignit tout par plans taillés carrément et par touches à vives arêtes. Les étoffes molles, les formes du corps humain, les fruits, tout était carré dans ses peintures.

Aussi d'habiles graveurs corrigèrent-ils la mollesse pesante de Le Brun et la touche à facettes de Jouvenet. »

*
* *

Arrivés à ce point, nous avons fait la moitié de la route. Nous savons ce que c'est que le *beau optique*, et par quels moyens on peut l'obtenir. Mais faudra-t-il planter là notre tente et fermer les yeux aux beautés d'un ordre plus élevé que réclament l'intelligence et le cœur. Malheureusement, la plupart des artistes se sont crus dispensés de parler à nos âmes, et ils ont laissé l'esprit dans une telle indifférence, que lorsque le plaisir passager des yeux est satisfait, il ne reste plus rien après lui qui puisse nous retenir encore, et nous faire estimer l'art et celui qui le cultive.

Mais puisque, beaucoup trop déjà, faute de connaître les véritables sources du beau, sans doute, se sont écartés de ses principes, nous ne voudrons pas grossir le nombre de ceux qui ont fait fausse route, et dont quelques-uns n'en sont pas moins de grands maîtres, il est vrai, mais parce qu'ils ont su racheter ce défaut par de très-grandes qualités d'exécution que l'élève ne doit pas avoir la prétention d'égaler.

II

DU BEAU INTELLECTUEL.

Nous avons vu que pour qu'un objet d'art soit parfaitement beau, il fallait qu'il réunisse au beau optique ou pour les yeux le beau intellectuel ou moral du sujet. Nous avons examiné la première condition, passons à la seconde.

« Le plus grand nombre des artistes, dit Millin (*Dict. des beaux-arts*), portent si peu de réflexion dans le choix du sujet, qu'il est extrêmement rare de voir des tableaux d'histoire qui soient vraiment recommandables en cette partie... Le peintre, ajoute-t-il, ne doit jamais travailler seulement pour montrer la justesse de son dessin ou la beauté de son pinceau, il devrait pour ainsi dire oublier qu'il est peintre, et avant d'entreprendre un tableau observer l'effet que produit son sujet, non pas à ses yeux comme artiste, mais sur son esprit comme philosophe. »

Quand on dit qu'il faut que le sujet intéresse l'esprit du spectateur, on ne veut pas dire par là qu'il faut prêcher morale, philosophie ou politique, loin de là; pas plus qu'on ne veut dire qu'il faut faire de l'esprit, c'est-à-dire chercher des subtilités, des sujets à double entente, des épigrammes et autres motifs qui sont du ressort de la littérature, mais qui font, presque toujours, un très-mauvais effet en peinture. Aussi l'artiste ne saura-t-il jamais mieux prouver qu'il a beaucoup d'esprit qu'en montrant un grand cœur.

Mais de ce que, comme le dit M. T. Gautier dans l'*Art moderne*, « les formes de l'art ne sont pas des papillotes destinées à envelopper des dragées plus ou moins amères de morale ou de philosophie, » il ne s'ensuit pas cependant que l'on ne puisse faire concourir les beaux-arts à un pareil but, à condition, bien entendu, de ne pas s'écarter des règles inviolables du beau optique.

Ainsi donc, quand on dit qu'il faut qu'il y ait beauté intellectuelle ou morale du sujet, on veut dire simplement qu'il faut qu'il y ait dans le sujet même, et en dehors de l'intérêt que peut causer une belle exécution, un intérêt particulier qui fasse que l'on se complaise dans la vue des objets qui y sont représentés ; quelque chose enfin qui s'empare de l'âme, qui parle au cœur ou à l'imagination, ce quelque chose fût-il même très-vague et pour ainsi dire indéfinissable, comme on en trouve des exemples dans certains tableaux qui n'en sont pas moins d'une grande beauté intellectuelle.

Le gros bon sens est meilleur juge de la beauté d'un sujet qu'un esprit trop subtil, et, comme on dit, trop alambiqué.

§ I. — L'unité est la source du beau intellectuel.

Si nous cherchons par quels moyens on peut obtenir le beau intellectuel, nous voyons que c'est encore par l'unité. En effet, diviser l'âme entre plusieurs affections, partager ses émotions sur deux ou trois points également intéressants, l'appeler enfin de divers côtés, c'est ne le fixer sur aucun.

Pour qu'un sujet soit beau pour l'intelligence, il faut qu'il remplisse deux conditions :

1° *Qu'il soit une source d'émotion pour l'âme.*

2° Que les signes qui servent à nous le rendre sensible, c'est-à-dire que les lignes, le clair-obscur, la couleur et la touche, en un mot que l'*exécution soit en harmonie avec le mode ou sujet du tableau.*

I. Le sujet sera une source d'émotion pour l'âme de trois manières. Il faut pour cela : 1° qu'il soit intéressant par lui-même ; 2° que l'action représentée soit *une ;* et 3° que toutes les expressions tendent vers le même but ; en d'autres termes, il doit y avoir unité d'expression.

1° *Qu'il soit intéressant par lui-même.*— Nous venons de voir ce qu'il faut entendre par là. Je n'entrerai donc pas dans de plus amples explications à ce sujet. Mais on pourrait adresser une question à laquelle je vais tâcher de répondre :

Supposez, dira-t-on, que j'aie traité un sujet très-intéressant pour moi, le serait-il également pour les spectateurs? En d'autres termes, est-il possible de plaire à tout le monde?

Pour répondre à cette question, il suffit de remarquer que tous les goûts ne sont pas les mêmes : les uns aiment le sérieux, les autres le plaisant, ceux-ci le gracieux, ceux-là le sévère, le sombre, le fantastique ; le plus souvent même notre appréciation dépend de la disposition présente et passagère de notre esprit, etc., etc. C'est pourquoi, dans la littérature, par exemple, les uns se passionnent pour la tragédie, les autres pour la comédie, ceux-ci pour l'histoire, ceux-là pour le roman. Tandis que l'un ne veut que la vérité sévère des faits et des dates, l'autre préfère le mensonge de la Fable et du roman; d'autres enfin, prenant un moyen terme et cherchant à concilier la Fable avec l'histoire, ont créé ce qu'on appelle le roman historique. Il résulte de là qu'il est impossible de réunir tous les suffrages, du moins au même degré.

Tous les goûts se trouvant dans la nature, on peut donc avancer que tous les genres sont bons, c'est-à-dire sont sûrs de trouver des approbateurs; mais de même qu'en littérature, par exemple, la peinture sublime et fidèle des grandes passions qui agitent le cœur de l'homme aura toujours pour admirateurs les esprits les plus nobles et les plus éclairés, de même aussi la représentation exacte et sublime des actions qui dévoilent l'âme réunira dans tous les temps les suffrages des connaisseurs les plus distingués.

C'est donc au peintre à voir à quelles intelligences il veut s'adresser, et quels sont ceux dont il ambitionne surtout les suffrages. Mais le désir de plaire à certaines classes d'esprits en particulier ne doit pas lui faire oublier que lui aussi a son goût personnel, qui réclame impérieusement ses droits, et auquel il ne peut pas s'opposer sans danger. Chacun doit donc rester dans les limites de sa nature.

Celui qui serait fixé sur le genre de littérature qui convient le mieux à son caractère, serait peut-être aussi fixé sur le genre de peinture qu'il devra le plus spécialement embrasser.

2° *Il faut que l'action représentée soit une* et principale, et qu'autour d'elle viennent se grouper les épisodes qui doivent servir à fortifier l'unité et non à la corrompre. Toute seconde action ou figure qui tend à être principale, soit par son aspect qui dispute d'effet avec l'aspect dominant, soit même par une imitation plus vraie que ne l'est l'action ou la figure principale, doit être réduite et soumise à l'unité.

L'unité du sujet produit la clarté, qui doit être assez grande pour que l'homme médiocrement instruit puisse le comprendre du premier coup d'œil et sans effort d'esprit.

Dans un ouvrage confus et embarrassé, ce sont les défauts qui frappent d'abord.

3° *Il faut qu'il y ait unité d'expression.* — Si nous passons à l'unité du but et de l'expression, c'est-à-dire à cette unité qui fait que le caractère du sujet est un, distinct et déterminé, cette question mérite bien plus encore notre attention.

Le père Brumoy disait: « Lorsque les coups que l'on porte à l'âme frappent tous le même point, celle-ci ne saurait résister à des impulsions si réitérées. »

Enfin, on pourrait encore ajouter qu'il faut qu'il y ait *unité de temps et de lieu*, comme nous le verrons plus loin en parlant de la composition.

II. Il faut que l'*exécution soit en harmonie avec le mode du tableau*. Il est inutile, je pense, d'entrer dans de grands détails sur l'application de ce principe, le lecteur n'ayant pas de peine à comprendre qu'un sujet violent, énergique, par exemple, exige des lignes, un clair-obscur, un coloris, une touche, énergiques, saccadés, fiers, tandis qu'un sujet gracieux, riant, exigera, au contraire, des lignes et un clair-obscur moins heurtés et plus doux, un coloris plus gai, plus tendre, une touche, enfin, plus douce et plus fondue.

En effet, dit M. de Montabert (ch. CCLXXVI), en voyant un tableau il ne suffit pas de se demander : qu'est-ce que cela représente? Il faut se demander quel est le caractère imprimé par ces teintes.

« Lorsqu'on entend de la bonne musique, on n'a besoin que de deux minutes pour reconnaître quel est le caractère dominant ; de même, au premier aspect d'un tableau, le spectateur doit déjà entrer dans le sujet et mettre son âme à l'unisson du spectacle. L'orateur ne dispose-t-il pas son auditoire par la seule intonation de sa voix, et ne comprend-on pas, à son accent seul, sans distinguer les paroles de son discours, quel sentiment général l'anime? C'est ainsi qu'à la première vue d'un sujet peint, et sans distinguer encore les formes et tous les objets qui le composent, sans saisir leurs rapports et leur expression particulière, on doit, si le peintre a bien entendu la partie philosophique du coloris, entrer dès l'abord dans le mode du sujet et se trouver déjà disposé à le comprendre et à s'identifier avec lui.

« Cependant, répétons-le, les maîtres en général ont fort peu respecté cette maxime, et c'est avec beaucoup de raison que les critiques ont avancé qu'il n'y a presque point de tableaux dans lesquels la convenance générale du coloris soit observée. Ils ont signalé Paul Véronèse, Rubens, etc., comme des peintres qui ne cherchaient qu'à plaire aux yeux, qu'à surprendre par la force et le charme des couleurs, mais qui n'étaient point dominés par le principe philosophique d'après lequel on exige un caractère poétique et convenable dans le coloris de chaque sujet. »

On peut faire des réflexions analogues au sujet des

lignes, du clair-obscur et de la touche ; aussi, n'entrerai-je pas dans de plus amples explications, le lecteur pouvant facilement y suppléer.

§ II. — Des modes en peinture.

D'après ce que nous venons de voir, un tableau doit donc avoir un caractère déterminé, et s'il est destiné à un lieu qui lui-même a un caractère, il doit se trouver une juste convenance entre le mode de ce tableau et le lieu qu'il décore.

On distingue cinq modes, qui sont :

1° *Le mode phrygien* ou fort et impétueux,

Le peintre qui a donné le plus habituellement à ses lignes le caractère de ce mode, c'est Michel-Ange ; ses lignes sont en effet impétueuses, véhémentes et terribles; Rubens, Tintoretto, Jouvenet même, Salvator Rosa, etc.

Les lignes offertes par les draperies, les fonds et les accessoires, peuvent donc être ainsi animées et caractérisées, et concourir au but que le peintre se propose.

On peut citer dans ce genre deux tableaux de Poussin : Phyrrus sauvé, et l'Enlèvement des Sabines.

Quant au coloris du mode pyrghien, on peut dire que la couleur rouge est véritablement la couleur des combats. Dans de pareils sujets, la verdure des champs peut être un peu rude ; la nuance vermeille du pampre exaltée et des draperies de couleurs fortes excite tout le spectacle, etc.

Réflexions analogues pour le clair-obscur et la touche.

2° *Le mode dorien* ou simple et grave.

On peut citer comme appartenant à ce mode la ligne du Thésée, tableau d'Herculanum; les Sacrements, par Poussin; un grand nombre de statues héroïques des anciens; Jupiter, les Muses, Minerve et surtout Melpomène.

Le coloris propre au mode dorien consiste en des couleurs austères et tranquilles, des teintes graves et pour ainsi dire solennelles qui annoncent la dignité et la simplicité de ce mode. Tout doit être grand et d'une beauté noble et calme dans les sujets d'un tel caractère.

3° *Le mode lydien* ou mou et efféminé.

On peut citer dans ce mode les poses souples des Grâces et de Bacchus; le Bacchus d'Écouen; l'Hermaphrodite-Borghèse; certains Atys.

Les peintres qui nous en offrent le plus souvent l'exemple sont François Albani, Tiziano; quelques peintres florentins; les statuaires Jean Goujon, Bernini, Canova, etc.

Le mode lydien, qui convient aux Grâces, convient aussi aux larmes et à la mélancolie; quelque chose de triste dans les teintes, mais de gracieux en même temps, concourt à caractériser ce mode. Le violet doux et demi-clair n'est-il pas triste et suave en même temps? L'azur tendre, mêlé de noirs et de blancs légers et modérés n'a-t-il pas quelque chose qui exprime les affections de l'âme? Et ces verts légers, suaves et aériens, ces jaunes incertains et amortis, combinés selon une harmonie molle, ne peuvent-ils pas rendre optiquement la langueur et toute cette expression efféminée dont Platon semblait redouter l'influence?

4° *Le mode ionien* ou gracieux et riant.

Les modernes en général nous en offrent des exemples. C'est celui que l'on emploie le plus généralement, bien que souvent à tort.

Le coloris du mode ionien consiste dans l'agrément, la fraîcheur et l'éclat tempéré des teintes.

5° *Le mode lesbien* ou riche et magnifique.

Nous en avons des exemples dans les statues de Jupiter; celles des villes pompeusement parées; celles des fleuves; ainsi que dans plusieurs candélabres, draperies, etc.

Les lignes du mode lesbien doivent être débrouillées malgré leur richesse.

Le coloriste qui aspire à la plus grande richesse, à la plus grande exaltation de teintes, aura toujours recours à l'influence du soleil pour obtenir des modèles dignes d'animer son pinceau. Dans les festins brillants de Paul Véronèse, dans les cérémonies augustes et solennelles de Rubens, dans les assemblées élégantes de Watteau, le soleil préside au coloris. C'est à l'aide du soleil que Tiziano et Claude Lorrain ont étalé dans les campagnes la pompe du coloris lesbien.

Cependant il ne faut pas oublier que la simplicité est inséparable de la vraie magnificence.

Enfin terminons ce paragraphe en disant que bien qu'il soit nécessaire de composer l'arrangement de son tableau selon le mode qui lui convient, il ne faut pourtant pas négliger la naïveté, c'est-à-dire cet abandon et cette irrégularité fortuite dans la disposition des objets naturels qui ne sentent en rien la main de l'homme.

De la grâce.

« La plupart de ceux qui se sont occupés de cette question, dit M. de Montabert, ont confondu la grâce avec la beauté.

« La grâce, rigoureusement parlant, est le mouvement de la beauté. Elle ne peut donc exister que dans les beaux objets animés.

« En peinture on peut donner l'idée de ce mouvement malgré l'immobilité de l'image.

« C'est par métaphore qu'on applique le mot grâce aux draperies et parfois aussi aux branches des arbres, aux ornements, etc.

« Il est vrai que l'on dit qu'une femme laide a de la grâce, mais alors on ne parle pas rigoureusement, car dans ce cas on fait abnégation de l'impression produite par la laideur, et quoique les mouvements de cette femme soient en quelque sorte gracieux, ils le seraient bien davantage si toutes ses formes, et leurs proportions par conséquent, étaient plus belles et plus convenables. Une femme laide rappelle la grâce, l'indique et est quelquefois tout près de l'offrir véritablement. Mais il faut bien s'entendre encore sur cette laideur. Peut-être que l'on confond la physionomie avec la grâce de toute la personne et avec le jeu gracieux du squelette, l'intention de la personne avec les résultats de cette intention, etc. Cependant on emploie assez souvent le mot grâce sans toutes ces précautions.

« La source de la grâce c'est l'unité.

« L'unité dans la grâce c'est le rapport qui existe

entre le mouvement du bel objet qui se meut et la disposition de sa volonté.

« Ce principe une fois adopté on reconnaîtra qu'une femme peut être belle sans avoir ce qu'on appelle de la grâce, et l'on ne jugera réellement de sa grâce que si elle parle, sourit, fait ou conserve quelque mouvement.

« Les belles statues antiques ont une grâce infinie parce qu'elles sont ornées par la beauté; mais dans la nature, moins belle que les statues antiques, la grâce est souvent plus prolongée, plus vive, à cause de la succession des mouvements réels et de la force de l'unité entre le mouvement et la volonté de l'individu; ce qui fait souvent préférer la grâce vivante à la grâce représentée, quoique celle-ci soit ajoutée à la haute beauté.

« On a remarqué qu'aussitôt que les femmes se croient observées, leur grâce disparaît et qu'il ne reste plus que leur beauté optique ou sensible.

« Il ne semble pas étonnant, après cette définition, que la grâce la plus intense, la plus vive, la plus touchante, soit offerte par la beauté de la femme, puisqu'elle est susceptible d'une délicatesse de sentiment qui doit maintenir plus constamment l'unité entre ses mouvements et ses intentions successives et presque fugitives. Il n'est pas étonnant non plus que leur affectation nous déplaise infiniment et que leurs minauderies, leurs grimaces, leurs bouches contraintes, leurs yeux maniérés, tous leurs gestes étudiés et recherchés enfin nous répugnent et nous choquent. C'est pourquoi, sans doute, dans les tableaux de la dernière école française, les images des femmes sont si désagréables par leurs manières de bon ton très-opposées à la grâce naturelle.

« Pourquoi, dit Bonstetten, les animaux, même lourds, comme les petits chiens, ont-ils une certaine grâce? C'est que leurs mouvements annoncent toujours une seule intention. Cet effet vient de cette sensibilité de l'enfance, toujours vive et concentrée dans la chose unique qui l'occupe dans le moment. Pourquoi n'a-t-on jamais de grâce lorsqu'on a l'intention d'en avoir ? C'est que l'amour-propre qui inspire cette intention tarit le sentiment d'où la grâce émane et qu'on n'est jamais plus gauche que quand on est poussé à la fois par deux impulsions opposées. (Autre preuve de l'excellence de l'unité.) Toutes les personnes agréables ont toujours de la grâce si elles s'y livrent avec cette innocence et cette naïveté du jeune âge qui ne doute de rien.

« La grâce a lieu aussi par le mouvement heureux conservé aux corps qui viennent de se mouvoir et qui se reposent, exemple : la Nymphe endormie ou l'Ariane. »

Du sublime.

Le sublime est le plus haut degré de la beauté lorsque la simplicité et la force y dominent.

« Le sublime, dit Kant, doit toujours être grand, le beau peut aussi être petit; le sublime doit être simple et le beau souffre d'être paré et même orné avec recherche; l'intelligence est sublime, l'esprit est beau; la hardiesse est grande et sublime, l'adresse est petite mais belle ; la tragédie diffère essentiellement de la comédie en ce que dans l'une le sentiment du sublime est mis en jeu et dans l'autre celui du beau. »

Conclusion.

De tout ce que nous venons de voir que faut-il conclure ? Quatre choses, savoir :

I. Qu'il y a quatre genres de beauté bien distincts, et qui peuvent exister ensemble ou séparément dans une œuvre d'art :

1° Le beau intrinsèque, ou qui est de l'essence même de l'objet.

2° Le beau extrinsèque, pittoresque ou de disposition.

3° Le beau pour l'âme, ou l'imagination.

4° Le beau d'imitation et d'exécution.

II. Que toutes les œuvres de Dieu étant belles et convenables en général, il n'y a peut-être pas de laideur absolue dans la nature. Enfin, si l'on ajoute à cela que l'artiste, même le plus réaliste, met toujours un peu de lui-même ou de son âme dans son œuvre, il en résulte que l'objet, même le plus laid, habilement représenté, plaira encore *jusqu'à un certain point* aux yeux et même à l'esprit.

III. Mais n'être pas laid, ce'est pas toujours être beau ; parler de manière à se faire comprendre, ce n'est pas toujours parler avec éloquence; n'être pas désagréable, ce n'est pas toujours offrir de l'intérêt. L'artiste doit donc avoir plus d'ambition, et viser à produire, sinon dans tous les cas, le plus haut degré de beau optique et intellectuel, ce qui n'est pas toujours possible, du moins un sujet intéressant, et le plus haut degré de beauté que comporte ce sujet.

IV. Le beau *intrinsèque* n'est pas toujours indispensable, mais les trois autres genres de beauté sont de toute nécessité.

Remarquons, en passant, que rien n'est moins réel que la réalité en peinture. La preuve, c'est que si vous faites copier le même objet par vingt peintres réalistes, ces vingt copies peuvent paraître toutes également très-fidèles, et cependant, si vous les comparez entre elles, vous remarquerez avec étonnement qu'il n'y en aura pas deux qui se ressembleront au point d'être confondues.

QUATRIÈME PARTIE

DE LA COMPOSITION — DES DIFFÉRENTS GENRES ET SUJETS DE PEINTURE

I

DE LA COMPOSITION

Définition. — Analyse.

La composition en peinture est l'art de concevoir dans son ensemble et ses détails, et d'exprimer par des esquisses un sujet pris soit dans la nature, soit dans les écrits, soit dans notre propre imagination, et de ne chercher parmi ces sujets que ceux qui, par leur beauté pour l'œil et pour l'esprit, sont réellement propres à la peinture.

La peinture a son langage, de même que les autres arts; elle a, pour ainsi dire, son vocabulaire distinct. En sorte qu'un sujet peut être excellent dans un autre art ou un autre langage, tel que celui de la sculpture, de la poésie, de la tragédie, et devenir faux et insignifiant dans celui de la peinture.

Il résulte de là que composer un sujet, même emprunté aux écrits, ce n'est pas le copier, c'est le créer de nouveau, car ce n'est pas le sujet proprement dit que le peintre choisit, c'est un résultat moral fourni par ce sujet qu'il combine, c'est un des points de vue du sujet qu'il traite, en sorte qu'il arrive presque toujours que plusieurs artistes conçoivent le même sujet sous des points de vue tout à fait différents. Exiger d'un peintre une ressemblance immédiate entre le sujet écrit et le sujet peint, au lieu d'exiger une traduction équivalente, c'est la preuve de l'ignorance complète de l'art.

D'après la définition que nous venons de voir, la composition repose sur deux bases fondamentales, qui sont : l'*invention* et la *disposition*, dont nous allons étudier l'analyse dans les chapitres qui vont suivre. Mais comme l'invention est une conséquence de la *méditation*, et que la disposition ne peut s'obtenir sans elle, nous commencerons par examiner ce que c'est et de quel secours elle peut être pour l'artiste ; nous parlerons aussi de l'*enthousiasme* qui en est quelquefois la suite naturelle. Enfin, nous dirons deux mots du *génie*, qui est la source de toutes les grandes conceptions, et nous verrons comment celui qui n'a pas reçu ce don de la nature peut y suppléer jusqu'à un certain point.

§ I. — De la méditation.

La méditation est peut-être le plus grand secret de l'art et le plus grand moyen du génie.

Le peintre doit avoir son sujet entièrement fait dans son esprit avant de le commencer sur la toile.

C'est le moyen d'avoir du succès et du plaisir en peignant.

Le peintre fougueux n'a de l'imagination que comme le malheureux qu'une fièvre brûlante exalte jusqu'au délire. Aussi les compositions des improvisateurs sont-elles, en général, des lieux communs sans intérêt, sans caractère et sans chaleur d'expression.

On ne parvient à composer vite, dit Quintilien, qu'en composant bien.

Les intervalles de repos passés sans produire ont même été utiles aux plus grands génies, parce qu'ils ont employé ces intervalles à méditer et à éclaircir leurs théories et leurs projets.

Tous les grands artistes ont aimé la solitude, et Michel-Ange, qui la chérissait, disait que la peinture était jalouse et qu'elle voulait que ses amants se livrassent à elle sans réserve.

§ II. — De l'enthousiasme.

Le véritable enthousiasme n'a pas cette exaltation qui détruit la liberté du jugement et les facultés de l'esprit, car il n'est qu'une suite de la méditation présente ou de méditations antérieures. Pour être profitable, il doit être réfléchi et persévérant.

On peut promettre à l'artiste qu'il sera doué du véritable enthousiasme s'il s'occupe sans relâche des objets relatifs à l'art qu'il cultive, s'il rapporte à cet art tout ce qu'il voit et tout ce qu'il entend, car alors il trouvera fréquemment l'occasion et les moyens d'inventer.

Il ne faut pas confondre l'enthousiasme avec

l'exaltation que cause à l'artiste la pensée du plaisir et de la surprise que produira son ouvrage.

§ III. — Du génie.

Il y a deux espèces de génie : le génie inné et le génie qui s'acquiert.

Le génie inné est la faculté par laquelle certaines choses que nous faisons se trouvent quelquefois mieux faites spontanément que nous ne les faisons ordinairement, même à l'aide d'une grande application.

L'exercice et le travail, qui viennent à bout de tout, peuvent faire acquérir aux esprits bien organisés l'équivalent du génie inné.

Le génie inné seul, s'il n'est pas développé par l'étude, est insuffisant pour former un grand homme ou un grand ouvrage.

Buffon définissait le génie : l'aptitude à la persévérance.

Les circonstances donnent du génie ; elles le détruisent pareillement.

Le désir vif de réussir, accompagné de la persévérance, l'activité, la tenue dans les idées, sont déjà un symptôme de génie.

II

DE L'INVENTION.

L'*invention* est le choix des objets qui doivent entrer dans la composition du sujet que l'on veut traiter.

On la divise en deux sortes, savoir : en *invention héroïque* et en *invention de genre* proprement dite.

Il est bon d'observer ici, et cela résulte de ce qui a été dit dans le chapitre précédent, que ce qui pourrait manquer au peintre, ce n'est pas un sujet neuf, mais bien une manière neuve de concevoir ce sujet, et ce qui est rare, ce n'est pas un sujet intéressant, mais bien de le rendre intéressant.

Un sujet nouveau n'a rien de neuf quand il est mal rendu, car rien n'est commun comme un mauvais tableau.

Le propre de la peinture est de perpétuer des impressions fortes résultant des grandes et belles choses de la nature.

Le compositeur ne doit jamais emprunter un sujet à un ouvrage peu connu, sous peine de n'être pas compris, et cela parce qu'une qualité indispensable dans une composition, de quelque genre qu'elle soit, c'est la *clarté*. Il faut toujours que le spectateur se trouve à portée de saisir du premier coup d'œil le trait que l'artiste a voulu représenter. Or, un des plus puissants moyens d'obtenir la clarté, c'est la *simplicité*.

« On peut avancer, dit de Montabert, que la base de la simplicité, c'est l'unité. La composition la plus complexe pouvant être réduite à l'unité, il en résulte qu'elle peut aussi être réduite à la simplicité. La simplicité semble même plus sensible dans les sujets où le grand nombre d'objets aurait pu causer la confusion que dans les sujets où l'on ne peut guère sortir du simple.

« Annibal Carracci, dit Hagedorn, regardait le silence et la majesté comme deux qualités nécessaires pour répandre la beauté sur une composition.

On peut dire aussi que les meilleurs ouvrages de l'art sont presque toujours les plus simples dans leur plan.

On a dit avec raison que la simplicité était le degré le plus élevé de la perfection. Le style simple et grand suppose donc une âme grande dans celui qui le possède, et un grand goût dans celui qui y applaudit.

La simplicité est loin d'exclure la variété (voir ce qui a été dit à ce sujet au chapitre de l'Unité).

Ne pourrait-on pas avancer aussi qu'un grand nombre d'acteurs et d'objets nuit quelquefois à la beauté du tableau, et cause plutôt de l'étonnement et une certaine admiration même, si l'on veut, que du plaisir. En effet, l'âme aime le recueillement, et elle ne jouit de la plénitude de sa force que dans le silence et la concentration de la pensée. Ce fut dans les siècles où la science de l'art était le plus oubliée que chacun, reconnaissant sa faiblesse, se jeta dans les tableaux dits d'apparat.

L'extrême simplicité, la nudité même du fond, concourent extrêmement à cette clarté. Il existe des chefs-d'œuvre dont le fond ne représente qu'un ciel tout uni, ou un mur presque nu, et ces chefs-d'œuvre n'en font pas moins tressaillir.

La première convenance du fond, c'est ce débrouillé, cette netteté d'aspect sans laquelle il n'y a d'ailleurs ni magie ni grandeur. Puisque nous sommes sur cet article, disons enfin que la grandeur du fond doit toujours être en rapport avec celle de la composition.

§ I. — De l'invention héroïque.

L'*invention héroïque* comprend tous les sujets qui offrent quelque chose de noble et de grand à l'imagination, c'est-à-dire ceux relatifs aux anciens héros ou qui sont tirés de l'histoire ; les sujets mystiques et allégoriques, et enfin mythologiques et héroïques. Nous allons donc examiner successivement :

1° Les sujets *historiques ;*

2° Les sujets *mystiques* et *allégoriques ;*

3° Les sujets *mythologiques* et *héroïques.*

Remarquez, en passant, que *le style*, dans les arts, consiste à rendre d'une manière grande et large la nature vue de son côté le plus noble et le plus sublime. Il résulte de là que de très-petits tableaux, traitant même des scènes familières, peuvent être classés parmi ceux du grand style si la noblesse des expressions, la disposition simple et grande des figures et des accessoires, l'exécution large et belle, enfin, répondent à toutes les exigences de ce style. C'est pourquoi l'on range généralement parmi les tableaux de grand style celui de Gérard Dow ayant pour sujet la Femme hydropique, et bien qu'il soit de petite dimension. En revanche, des toiles de la plus grande étendue, et traitant les sujets les plus augustes, à la rigueur, ne devraient être considérés que comme de grands tableaux de genre s'il n'y a rien de noble et d'héroïque dans leur exécution.

« Aussi, dit avec raison de Montabert, rien n'est moins exact que cette distinction que l'on fait entre les peintres de genre et les peintres d'histoire ; si Téniers, par exemple, a peint le genre en imitant des paysans ivres, doit-on dire qu'il a peint l'histoire en représentant les Œuvres de miséricorde et la Tentation de saint Antoine? Est-il juste de décorer du titre relevé de peintre d'histoire tant d'élèves de Rubens qui ont donné un caractère trivial aux dieux et aux déesses représentés dans leurs tableaux? Metzu, Jean Steen même, et autres qui ont peint l'âme, la vie et les passions, doit-on les classer à ce rang inférieur de peintres de genre? Quelle confusion dans toutes ces démarcations!

« .... Oui, on l'a dit avec raison, tout peintre de genre qui croit voir des bornes à son talent rétrécit les bornes qu'il a imaginées, de manière qu'à la fin ces bornes l'emprisonnent. »

Observons encore qu'il doit y avoir une juste proportion entre l'importance du sujet et la grandeur de l'image, sous peine de détruire l'unité de l'idée. En effet, une scène grandiose et imposante perdra sûrement une partie de son caractère et de sa magie si elle est resserrée dans des limites trop étroites, de même qu'une scène gracieuse et délicate ne pourra que perdre à être traitée de grandeur naturelle. C'est ce qui a fait remarquer que le portrait d'un mâle guerrier, par exemple, bien rendu, de grandeur naturelle, était plus frappant que le même portrait exécuté en petit par un miniaturiste.

En général, les hommes sont très-sensibles au grand de dimension, mais bien que la grande dimension d'un ouvrage contribue à sa grandeur esthétique, il ne faut pourtant pas croire que toute grandeur réside dans de vastes proportions : « C'est une des erreurs les plus déplorables de ce siècle, dit M. A. de Calonne (*Revue contemporaine*, octobre 1860), de croire que la grandeur matérielle est l'élément par excellence de la grandeur absolue. Rien n'est plus faux que cette croyance qui nous a coûté si cher..... Les dimensions excessives peuvent contribuer à la grandeur, elles ne sont pas toute la grandeur, elles n'en sont pas même la condition principale, et tèl tableau du Poussin, pour prendre un exemple frappant, est infiniment plus grand dans ses petites dimensions que tel plafond, telle muraille, telle toile immense de nos peintres contemporains. La grandeur morale d'une œuvre d'art, si je puis m'exprimer ainsi, voilà la vraie grandeur, celle qui est toujours grandeur, quelles que soient les dimensions du cadre; l'autre est impuissante seule à faire naître l'idée de grandeur dans l'esprit.

« .... Mais, ajoute plus loin le même écrivain, le temps est-il aux grands peintres? Notre époque est-elle faite pour supporter la grande peinture? On pourrait le croire quand on entend sur ce sujet le langage de quelques esprits d'élite, quand on rencontre quelques-uns de nos artistes en extase ou pleins d'enthousiasme devant les fresques du Campo-Santo, de Saint-François-d'Assise, des églises de Florence; l'illusion cesse quand on voit le peu de cas que l'on fait chez nous des études sérieuses, le peu d'intelligence et de sympathie qu'y apporte la masse du public, les prétentions inqualifiables qu'affichent nos jeunes peintres à se croire des maîtres, la mesquine et cruelle façon dont ils traitent les plus grands sujets, et par-dessus tout peut-être les succès faciles, les faveurs particulières, les triomphes extravagants qui accueillent des œuvres futiles et sans consistance, des peintures fardées comme des courtisanes, des tableaux d'histoire copiés au théâtre, des statues moulées chez le costumier, des monuments dessinés comme des frontispices de livres illustrés, des salles d'apparat décorées comme des salles de cafés. »

Des sujets historiques.

Dans les sujets *historiques*, il s'agit de représenter d'une manière grandiose les actions héroïques racontées par les poëtes, et les faits historiques dont l'authenticité est reconnue. Ils comprennent les sujets tirés de l'histoire ancienne, de l'*Ancien* et du *Nouveau Testament*, de l'histoire moderne, et par conséquent les batailles sur terre et sur mer, enfin, le paysage historique. Nous allons examiner séparément et aussi brièvement que possible les avantages et les inconvénients que présente chacun de ces divers sujets de composition.

Sujets tirés de l'histoire ancienne. — Aujourd'hui, les événements contemporains ou tirés de notre propre histoire occupent trop notre intérêt pour que les actions des Grecs ou des Romains fassent quelque impression sur notre âme. L'avantage qu'ils offrent à la peinture consiste dans la beauté des types, des coutumes et des accessoires.

Sujets tirés de l'Ancien et du Nouveau Testament. — « Il est aisé, dit M. de Chateaubriand (*Génie du Christ.*, chap. 3, 3e partie), de prouver trois choses : 1° Que la religion chrétienne étant d'une nature spirituelle et mystique, fournit à la peinture un beau idéal plus parfait et plus divin que celui qui naît d'un culte matériel ; 2° que corrigeant la laideur des passions, ou les combattant avec force, elle donne des tons plus sublimes à la figure humaine, et fait mieux sentir l'âme dans les muscles et les liens de la matière; 3º enfin, qu'elle a fourni aux arts des sujets plus beaux, plus riches, plus dramatiques, plus touchants que les sujets mythologiques. »

« Les artistes n'ont pas toujours traité ces sujets comme ils devaient le faire, mais il faut l'attribuer d'abord à la routine des écoles académiques et ensuite au mauvais goût des personnes influentes qui commandaient les tableaux aux artistes.» (De Montabert.)

Il est nécessaire, si l'on veut bien servir la religion par la peinture, de ne pas trop s'écarter des types consacrés.

Sujets tirés de l'histoire moderne. — Tel grand homme que nous divinisons presque en songeant à ses belles actions, devient mesquin et ridicule dès que son costume et son maintien viennent à frapper notre vue, et il nous faut faire effort pour accorder l'une et l'autre impression. Mais alors faudra-t-il donc toujours peindre des Grecs ou des Romains, au lieu d'imiter ces mêmes Grecs et ces Romains qui peignaient avant tout les hauts faits de leurs pères et les images de leurs célèbres compatriotes? Non sans doute; on peut représenter nos faits modernes et honorables, mais sans jamais s'écarter des lois du beau. Il ne faut pas perdre de vue que ce n'est pas l'art qui doit plier devant l'histoire et devant les faits, mais bien l'histoire et les faits qui doivent se conformer aux grandes idées des arts.

Paysage historique. — Le paysage historique est celui auquel se rattache un trait d'histoire quelconque. Il comprend tout ce que la nature et l'art peuvent présenter aux yeux de plus grand et de plus majestueux. On y admire des sites nobles et bien choisis; des arbres bien groupés et d'une forme élégante, des rochers et la mer; des torrents, des lacs et des montagnes d'un aspect à la fois imposant et terrible. Pour fabrique on y voit, selon la nature du sujet, des temples, des pyramides, des sépulcres antiques, des églises, des monastères, de gothiques châteaux et de vieux donjons, ou bien des édifices d'architecture moderne. (Delaistre.)

Une des parties les plus importantes dans le paysage, c'est le ciel; aussi l'artiste doit-il y déployer tout son talent. « J'avoue, dit M. Mazure, qu'il m'est impossible de supporter dans un paysage un ciel faible, imparfait, un ciel manqué. Je veux qu'un ciel m'environne sans m'écraser; qu'il me protége, et que je me sente heureux sous son abri. N'infligez pas à mon regard, en forme de repoussoir au fond de votre tableau, une toile bleue, une toile grise, sans nuance, sans profondeur, sans rien qui dise : C'est le ciel. Que vos ciels soient fins, lumineux et doux ; que le soleil dore, en toute réalité, de beaux nuages, souples, paisibles et légers dans leur course aérienne; qu'à travers leur réseau le ciel prolonge indéfiniment son azur ; qu'une vapeur impalpable, et pourtant solide et réelle, un ferme produit du pinceau, remplisse l'atmosphère, lui donne sa consistance, et communique à toute la nature pittoresque sa plus désirable beauté.

« Aujourd'hui, dans l'œuvre de beaucoup de paysagistes, il faut le dire, ce qu'il y a le plus lieu de regretter, ce sont les ciels. Souvent, dans des œuvres d'ailleurs choisies, au fond d'un bois, dans le fourré, dans les fuites de l'onde, sur le corps des beautés bocagères, tel peintre d'un grand talent fait glisser les plus piquants effets d'une lumière qui charme et qui étonne. Mais de tels effets sont au préjudice du ciel lui-même; le soleil est dans le bois, il n'est pas au ciel. On ne saurait guère attacher sur lui ses regards; non pas qu'il éblouisse, bien loin de là, mais il fatigue par sa pesanteur. Au lieu de cet azur limpide qu'il faut admirer dans les maîtres, au lieu de ces ciels qui semblent reculer et ouvrir l'espace à l'âme qui s'élance, on voit l'épaisseur de la pâte, des rudesses de brosse, des effets de truelle, qui détruisent toute illusion à l'endroit où elle a le plus grand besoin d'exister.

« Cherchez les empâtements dans Claude, dans les Hollandais, dans les ciels romains de Léopold. L'oiseau ne saurait se tenir et respirer sous ces couleurs, moins vives qu'entassées, par lesquelles quelques-uns essayent dans cet air épais de donner une certaine réalité, à défaut de vie, au soleil et au ciel. On se sent appesanti dans le manque d'atmosphère quand on voudrait s'élancer dans l'éther des hautes régions. Une telle manière de concevoir et de peindre le ciel est triste; c'est un procédé réaliste, bien que tous les peintres qui l'emploient n'appartiennent pas à cette école. Toujours est-il qu'il amène à un double résultat : il détourne de l'idéal et sort de la nature. »

Le grand danger de composer un paysage au lieu de le prendre tout fait dans la nature, c'est de laisser trop percer le travail de l'artiste et de perdre, par l'arrangement, cet abandon, cette irrégularité fortuite, cette négligence même, qui sont un des plus grands charmes de la nature. Aussi n'est-il pas rare de voir un assemblage de très-belles choses prises séparément produire un ensemble très-laid et tout à fait désagréable et fatigant à contempler.

Des sujets mystiques et allégoriques.

Les sujets *mystiques et allégoriques* consistent à représenter soit les mystères religieux, à l'aide de figures symboliques ou emblématiques consacrées par les théologiens, soit des êtres purement imaginaires inventés par la mythologie ou adoptés par l'usage, tels, par exemple, que la Mort, le Temps, la Charité, l'Amour, les Saisons, etc., etc. La mysticité demande beaucoup de simplicité quant à la forme, beaucoup de mystérieux quant au fond, et en général un caractère grandiose.

« Ce n'est, dit M. Guizot (d'accord sur cette question avec Lessing), qu'en empiétant sur les droits de la poésie que la peinture se permet l'allégorie, et cet empiétement est presque toujours malheureux. Pour comprendre un tableau, nous avons besoin le plus souvent qu'on nous en indique le sujet; que sera-ce si le sujet lui-même a besoin d'être expliqué? »

Quant aux personnages allégoriques employés comme acteurs, et introduits dans une composition historique, il est évident qu'ils doivent en altérer la vraisemblance.

On ne doit donc traiter, autant que possible, que les allégories qui seront facilement comprises par tout le monde. Mais dans ce cas il faut avouer que ce genre de sujets est tout a fait favorable au grand style, en ce que l'artiste peut donner le plus haut essor à son génie et à son imagination.

Des sujets mythologiques et héroïques.

Les sujets *mythologiques et héroïques* consistent à représenter les actions des divinités grecques et romaines, ainsi que celles de leurs demi-dieux ou héros.

Aujourd'hui, qu'aucune idée de vénération ou de superstition n'accompagne ces espèces de sujets, ils laissent un grand vide dans l'âme. Du reste, il faut avouer qu'en général les artistes se sont évertués à leur enlever le peu d'intérêt qu'ils pouvaient nous offrir par la représentation mesquine et fausse qu'ils nous en ont donnée.

Le grand avantage qui est attaché à ce genre de représentations, c'est que l'artiste peut se livrer à l'aise à tous les caprices de son imagination.

Si les divisions très-exactes étaient nécessaires aux progrès des beaux-arts, et si je ne craignais les innovations inutiles, je distinguerais encore un quatrième genre de sujets héroïques que j'appellerais *ossianiques*, et dont on pourrait se faire une idée par les œuvres du peintre anglais Martins, par exemple. (Voir le Déluge, le Festin de Balthazar, le Jugement dernier, etc., etc.)

Enfin, il convient de placer parmi les sujets d'invention héroïque *les sujets tristes et terribles*, quelle que soit la source à laquelle ils ont été puisés, car ils correspondent à des sentiments nobles, élevés, ou à des passions violentes, comme celles qui sont mises en jeu dans le drame proprement dit. Il en est de même des sujets de *nudités* qui peuvent faire partie de compositions nobles, héroïques, mythologiques, etc.

« Aussi, nous remarquerons, avec l'abbé Dubos, que les arts de la peinture et de la poésie ne sont jamais plus applaudis que lorsqu'ils ont réussi à nous affliger. Un poëme dont le sujet principal est la mort d'une jeune princesse entre dans l'ordonnance d'une fête, et l'on destine cette tragédie à faire le plus grand plaisir d'une compagnie qui s'assemblera pour se divertir. » C'est que l'âme a besoin de recevoir certaines secousses, et que pour nous c'est une vraie jouissance que de nous mettre, en idée, à la place de celui qui souffre, bien persuadés que nous sommes à l'abri.

Mais il ne faut pas confondre les sujets horribles et repoussants avec les sujets tragiques, et ce serait une erreur de croire que l'on trouvera le terrible dans ce qui fait horreur et le pathétique dans ce qui révolte l'esprit et le cœur.

Quant aux sujets *indécents, obscènes et de nudités*, il faut observer, avec M. de Montabert, que : « Les anciens ont souvent représenté des sujets fort obscènes selon nos mœurs ; mais leur paganisme, leurs symboles et le caractère de leur mythologie ont motivé le choix de ces sujets, dans lesquels il y a souvent beaucoup moins d'obscénité que nous n'en voyons.

« Ce n'est pas le nu qui est indécent, c'est l'action, c'est la pose qui peut l'être. Souvent même certaines draperies sont plus indécentes que la nudité elle-même. »

Mais autant il serait déraisonnable de condamner comme obscènes et contraires aux bonnes mœurs tous les sujets de nudités, et d'approuver la conduite de ce ministre de Louis XIII, de Desnoyers, dont la dévotion mal entendue fit brûler la Léda de Michel-Ange, provenant du cabinet de François Ier, autant aussi il faut s'élever avec force contre les productions indécentes et obscènes qui ne tendent qu'à corrompre les bonnes mœurs et à dégrader l'art et l'artiste. Que le jeune peintre se rappelle qu'un jour viendra peut-être où il regrettera amèrement d'avoir lancé dans le public des images qui font rougir l'innocence, entre les mains de laquelle elles peuvent quelquefois tomber. Demandez plutôt à M***, aujourd'hui père de famille et honoré, s'il ne sacrifierait pas bien des années de sa vie pour retirer de la circulation toutes les images indécentes et grossières que la photographie a propagées dans toute l'étendue de la France et de l'étranger.

§ II. — De l'invention de genre.

L'*invention de genre* comprend les sujets simples, naïfs et quelquefois même bouffons, c'est-à-dire les scènes gaies et champêtres, les sujets familiers, les foires, les tabagies, les marchés, les charlatans, les bambochades [1]. On met aussi au nombre des peintures de genre : les fleurs, les fruits, les animaux, les marines et le paysage champêtre.

[1] On désigne sous le nom de *bambochade* tout sujet de genre ayant un caractère grotesque. Ce mot vient de ce que Pierre Laar, peintre hollandais, né en 1613 et mort en 1675, lequel avait été surnommé *Bamboche*, à cause de la singulière conformation de sa figure, excellait dans ce genre d'ouvrage. (DELAISTRE.)

« Aujourd'hui surtout, dit M. de Montabert, il y a une foule de peintres qui se disent peintres de genre; ils ont adopté ce titre, premièrement, parce que les tableaux qu'ils produisent sont de petite dimension et qu'on les achète plutôt que des grands; secondement, parce qu'ils profitent du préjugé barbare qui les autorise à être faibles dessinateurs, faibles compositeurs, etc., et parce que le léché, le poli, étant praticables avec de la patience, ils viennent à bout d'acquérir cette qualité, qui est celle que les faux connaisseurs recherchent avant toutes les autres. Enfin, ils se font peintres de genre, parce qu'il est convenu que les hautes qualités de l'art ne sont point exigées dans cette espèce subalterne de tableaux.

« On m'objectera, et je conviens qu'on rencontre assez souvent de petits tableaux modernes dans lesquels perce le sentiment, et où l'on trouve des intentions morales assez touchantes; mais ces exceptions sont en faveur de ma critique, puisqu'elles prouvent qu'il n'y a point de genres différents en peinture, et qu'on peut, en petit comme en grand, viser et parvenir au but de l'art. »

Comme le but de l'invention de genre tend principalement à la représentation exacte de la nature telle qu'elle se présente à nos yeux, on en a conclu à tort que les lois de la composition lui sont moins indispensables qu'aux sujets du grand style. Cependant, comme il est peu d'artistes qui aient le parti pris de se livrer exclusivement à la peinture de genre, il en résulte que l'étude des lois de la composition et du beau en général leur est aussi indispensable qu'à ceux qui visent au grand style. Du reste, quel que soit le sujet, ne faut-il pas disposer, arranger, et des lors, si l'on a bien saisi la théorie du beau, ne comprendra-t-on pas qu'il est très-possible de violer ses règles dans les lignes, le clair-obscur, le coloris, etc.? Même dans le paysage, bien que j'admette que le bon goût naturel de l'artiste soit suffisant pour lui faire choisir un site convenable et pittoresque, il n'en est pas moins vrai que par la connaissance du beau il se rendra mieux compte de la cause des beautés de la nature, et que cette étude lui procurera même le moyen d'y ajouter encore, car il suffit quelquefois d'apporter de très-légères modifications pour donner le pittoresque et la beauté à un site qui en semblait tout d'abord complétement dépourvu.

Nous allons, comme pour l'invention héroïque, passer en revue les différents sujets d'invention de genre, et examiner les avantages et les inconvénients qu'ils offrent aux artistes.

Les sujets familiers et paisibles sont peut-être les plus nombreux dans les productions de l'art, surtout de nos jours, où l'on s'intéresse beaucoup moins aux grandes actions héroïques qu'aux petites scènes de la vie privée. Mais on peut dire aussi, il est vrai, que les sujets familiers et paisibles sont les plus nombreux, parce qu'ils sont les plus conformes à l'état habituel de l'homme.

Sujets hideux et repoussants. Le seul mérite des sujets dégoûtants consiste dans la parfaite imitation. Ce n'est pas pour avoir peint un sale gueux, se grattant l'aisselle et vomissant son vin, que certains Hollandais ont été admirés; c'est pour avoir imité avec beaucoup de naturel et d'illusion ces très-vilains objets. La preuve, c'est qu'une mauvaise copie de ces mêmes tableaux ne peut être admise nulle part.

Les spectacles dégoûtants rabaissent et avilissent le peintre, et ne sont d'aucune utilité.

Sujets de caricatures. Les plus grands génies se sont exercés dans ce genre, qui ne diffère en rien des autres espèces de compositions. Aussi les peintres sans talent font-ils des caricatures insipides.

La prétention de faire rire comme celle de faire pleurer n'est louable que quand on y a réussi.

Les peuples et les gens les moins facétieux sont en général ceux qui réussissent le mieux.

Il ne faut pas confondre la caricature avec la composition comique, qui n'a rien d'outré dans les proportions.

Enfin, disons avec M. de Laprade (de l'Académie) que : « La peinture des difformités et du mal n'est admissible dans l'art qu'en proportion de son efficacité à produire l'amour des qualités contraires aux vices. » « Il est à remarquer, dit toujours le même auteur (*de l'Ironie et du genre comique*), que les arts et la poésie, dans leurs peintures les plus sublimes et les plus monstrueuses, ont toujours pour point de départ une réalité. L'art, en général, ne peut rien imaginer de si excellent ou de si difforme que sa conception ne corresponde à un germe contenu dans la nature [1]. »

Du paysage champêtre. Le paysage champêtre nous montre la nature simple, naïve, agréable, telle qu'elle s'offre à nous à chaque pas. On peut voir, au commencement de ce paragraphe, ce qui a été dit à ce sujet [2].

[1] Voyez *l'Art moderne* (T. Gautier), p. 155 et suiv.

[2] Voyez l'ouvrage de M. Mazure (*Paysage, Dieu, la nature et l'art*).

Enfin, je ne ferai que citer les *marines*, où il faut plutôt s'appliquer à bien rendre l'effet général qu'à compter les vergues et les cordages; les *animaux*, dont il est si difficile de représenter avec justesse les mouvements; enfin, les *vues* et les *natures mortes*, qui comprennent les *fleurs*, les *fruits*, les insectes, etc., et que beaucoup encore aujourd'hui consentent à peine à considérer comme faisant partie de l'art noble et libéral de la peinture; mais si cela peut être vrai dans certains cas, il faut avouer qu'un grand nombre d'artistes ont, dans tous les temps, donné par leurs ouvrages un démenti formel à cette opinion [1].

[1] « Aussi, dit avec raison M. de la Rochenoire, en parlant de la différence de sensation qu'éprouvera le spectateur à la vue de la même nature morte, reproduite par un artiste de talent et par un peintre médiocre..., cette casserole, dans Chardin, ne sera point le vulgaire ustensile que je vois dans l'*autre;* la forme et encore plus la couleur seront étudiées avec une scrupuleuse intelligence.... Je saurai si elle a appartenu au cordon bleu d'un littérateur à la mode, ou si elle vient de la mansarde du pauvre.... Je devinerai, rien qu'à sa mine, à la manière seule dont Chardin l'aura comprise, entourée, si elle est habituée au civet de lièvre ou à la modeste soupe aux choux.... Enfin, je rêverai des heures en contemplant cette *nature morte*, j'y verrai toute une existence, et, si je suis poëte, je créerai un chef-d'œuvre! Pourquoi? — C'est que mon âme y trouvera avec jouissance le sentiment du peintre; c'est que j'y verrai des riens qui me diront beaucoup; j'y étudierai avec bonheur ces accidents variés dont la nature empreint ses œuvres à profusion. C'est que, rendu avec cette scrupuleuse et naïve interprétation dont le grand artiste seul a le secret, ce vase aura pour moi un entraînement qui me subjuguera, je ne sais quelle poésie qui sera le résultat de la justesse et de la vérité avec laquelle il aura été interprété. »

III

DE LA DISPOSITION.

La *disposition* est la distribution et le bon ordre de toutes les parties du tableau. C'est elle qui lie, qui arrange tous les objets avec netteté, et qui, sans affectation, sans contrainte, place le but principal d'intérêt de manière à ce que le spectateur d'abord l'aperçoive. L'ordonnance est basée sur six principes fondamentaux, qui sont : l'expression du sujet, la distribution des groupes, le choix des attitudes, le contraste, le jet des draperies et la convenance.

Mais comme l'artiste qui veut composer et ordonner son tableau est obligé, avant tout, d'en faire l'*esquisse*. nous allons examiner ce que c'est que l'esquisse. Puis, comme il arrive souvent que pour faire son esquisse il cherche des inspirations soit dans les tableaux de maîtres, soit dans les gravures ou les portefeuilles, nous examinerons aussi jusqu'à quel point il peut se servir de ce secours, c'est dire que nous parlerons du *plagiat*. Enfin, nous verrons que c'est surtout dans ses *croquis* qu'il devra chercher des inspirations ; aussi en dirons-nous quelques mots.

L'*esquisse*, dont la dimension est souvent petite, n'est qu'une tentative ou essai du tableau que l'on doit exécuter ensuite exactement semblable quant à l'effet général.

Il faut toujours colorier l'esquisse. Les peintres de l'école romaine l'ont négligé, et on ne s'en aperçoit que trop à leur coloris. En effet, un ornement, un petit détail qui serait perdu et nul dans une esquisse coloriée, joue un rôle très-sensible dans l'esquisse au trait. D'ailleurs, comment se rendre compte autrement des combinaisons du coloris?

Une description par écrit du tableau tenant de l'inspiration servira plus tard à rappeler au peintre ce que son esquisse n'aura que faiblement exprimé. Elle sera un bon guide jusqu'à la fin du tableau.

Il faut user avec beaucoup de modération des estampes qui remplissent les portefeuilles.

« Le *plagiat*, dit M. de Montabert (ch. CXXVII), est non-seulement permis, mais il est même louable lorsqu'il a pour effet d'améliorer la figure que l'on a tirée d'un autre tableau. S'il en était autrement, on pourrait considérer comme plagiaires Poussin, Dominichino, Annibal Carracci, Michel-Ange, Raphaël, Léonard de Vinci, David, etc., etc.

« En général, le plus grand tort des plagiaires c'est qu'ils choisissent mal leur larcin.

« Un plaisant disait, à propos d'un méchant plagiaire, que quand on vole il faut tuer son homme.

« Quant aux copistes, on a dit d'eux avec raison que se résoudre à l'imitation des autres, c'est un moyen de ne jamais les égaler, puisque celui qui suit reste toujours derrière.

« Les *croquis* sont comme des notes à l'aide desquelles on recueille ses diverses impressions optiques ou morales, et qui aident plus tard à soulager la mémoire. C'est en en faisant beaucoup que Poussin est devenu l'un des artistes les plus instruits qui aient jamais existé.

« Pour parvenir à rendre avec facilité les idées que

notre imagination nous fait concevoir, dit M. Sutter (*Philosophie des Beaux-Arts*), il faut mettre en pratique cette maxime d'Apelles, rapportée par Pline : *Dies non transeat sine linea*, qui ne s'entend pas de faire un simple trait, mais une esquisse, une ébauche, d'après un sujet quelconque. Cet exercice de l'esprit éveille les idées et les agrandit ; en même temps il rend la main plus sûre et plus expéditive. »

I. — De l'expression du sujet.

L'*expression du sujet*, surtout dans le style historique, repose sur trois bases immuables connues sous le nom des *trois unités:* celle d'action, celle de lieu et celle de temps. C'est-à-dire que l'action doit être une (voir les lois de l'unité), se passer dans un même lieu, et ne représenter qu'une seule époque.

Malgré l'obligation de s'assujettir à ce principe, dit M. Delaistre, auquel nous avons emprunté ce qui précède, quelques noms célèbres ont osé s'en affranchir. On peut en citer pour preuve le fameux tableau des Noces de Cana, de Paul Véronèse, dans lequel les personnages portent les costumes du XVIe siècle, ceux du Bassan, qui, peignant l'histoire de Jésus-Christ, y introduisit des hommes armés de fusils, etc.

On peut voir, pour plus de détails, la troisième partie de cet ouvrage, qui traite de l'unité.

II. — De la distribution des groupes.

Quand on a placé le héros ou les figures principales, on dispose autour les personnages secondaires.

C'est ainsi que l'on arrivera à former et à disposer des groupes.

(Voir la troisième partie.)

On a préconisé dans ces derniers temps la forme pyramidale des lignes de la composition comme étant la plus conforme à la beauté ; mais, dans ce cas, il faut condamner comme tableaux monstrueux de très-beaux ouvrages de Raphaël et un grand nombre de ceux de Poussin, parmi lesquels le fameux tableau des Sacrements. On conviendra que mieux vaudrait que les peintres restassent sans règles, puisqu'ils conserveraient au moins chacun leur goût naturel, que de courir les risques de le perdre tout à fait en adoptant inconsidérément toutes ces conventions de mode et d'académie qui donnent aux tableaux une physionomie maniérée et toujours la même.

III. — Du choix des attitudes,

Les attitudes doivent être variées, contrastées, expressives, sans cesser d'être simples, nobles, gracieuses et surtout naturelles.

Le langage propre à la peinture doit trouver sa véhémence dans le calme, et sa force dans l'immobilité.

Le peintre doit enchanter le spectateur comme le serpent enchante l'oiseau sur lequel il fixe longtemps son regard magique, et qui finit par chanceler, par tomber de stupeur. Voilà pourquoi on recommande si souvent le choix des attitudes qui, dans la nature, peuvent être facilement prolongées et permanentes.

Mais le langage de la peinture peut aussi être considéré sous le rapport de la force pittoresque, et représenter des actions de la plus grande énergie. Cette force pittoresque, dont je parle ici, est même un des moyens des tableaux du grand style.

IV. — Du contraste.

« Le *contraste*, dit Depiles, est une opposition des lignes qui forment les objets, par laquelle ils se font valoir l'un l'autre.» «Ajoutons, dit M. Delaistre, que le contraste augmente l'énergie, l'expression, la grâce, et qu'il sert non-seulement à diversifier les attitudes, mais encore tous les objets qui entrent dans la composition d'un tableau; car, en effet, tout doit y contraster : les figures avec les figures, les groupes avec les groupes, les clairs avec les ombres. Cependant, il faut bien se garder de mettre en parallèle des objets par trop disparates, capables de violer la loi de l'unité, et se rappeler toujours ce vers de Delille :

« Les contradictions ne sont pas des contrastes. »

V. — Du jet et du choix des draperies.

« On comprend, en peinture, sous le terme générique de *draperies*, dit M. Delaistre, non-seulement la disposition des étoffes servant de vêtement, mais encore de celles employées pour la décoration des édifices, comme, par exemple, pour les salles de conseil, les trônes, les lits et les fenêtres d'appartement. Nous indiquerons les principes généraux sur l'art de *jeter les draperies*, et nous nous attacherons surtout à ceux qui se rapportent aux vêtements. »

« Rien ne prouve plus évidemment qu'il faut joindre l'art à la nature dans beaucoup de cas, dit M. Bouvier, que le beau jet d'une draperie. En effet, si le peintre copiait toujours servilement ce que la nature et le hasard lui présentent, il ferait la plupart du temps des choses de mauvais goût, et qui gâteraient toutes les formes de son dessin, c'est-à-dire estropierait en quelque sorte les membres d'une figure, si bien qu'il les eût disposés dans le principe.

« Il est certains plis malheureux qui, loin d'aider le spectateur à découvrir les formes de la figure qui est dessous, et à en faire comprendre l'attitude, rompent tellement ces formes, que telle draperie ne paraît plus qu'un amas d'étoffes chiffonnées et jetées au hasard sur une figure, pour la dérober à nos regards. »

J'emprunte encore à M. Delaistre (*Traité de peinture*) les observations suivantes sur le jet et le choix des draperies :

« 1° Lorsque les draperies ont beaucoup d'ampleur, il faut couper les vides que produisent les grands plis par des plis intermédiaires passant transversalement de droite à gauche ou de gauche à droite, selon la direction indiquée par ces plis principaux.

« 2° Il est à remarquer qu'un pli ne passe jamais au travers d'un autre pli, et que la beauté d'une draperie ne consiste pas dans la multiplicité de ses formes, mais bien dans la simplicité de ses lignes et la sage ordonnance de son jeu.

« 3° Pour bien disposer les draperies, on doit toujours dessiner préalablement le nu des figures. Ce principe a constamment été mis en pratique par les hommes du plus grand mérite, comme étant le seul moyen de ne pas tomber dans des équivoques fâcheuses et des erreurs de proportions. En effet, par cette utile méthode on évite l'indécision, et l'on aide au spectateur à deviner les formes que les draperies lui cachent. Cependant aussi, on doit craindre de trop expliquer le nu, et de rendre par cela même les draperies adhérentes aux parties qu'elles couvrent, comme si ces draperies se trouvaient mouillées, car, au contraire, il faut les laisser se jouer autour de chaque forme, et pour ainsi dire la caresser.

« 4° Les riches draperies, les pierreries, etc., ne conviennent pas pour représenter les divinités. Chaque dieu ou chaque déesse doit plutôt se faire remarquer par la majesté, la noblesse et la beauté de sa nature, que par de vains ornements toujours trop au-dessous de la dignité de son essence et des vertus qui lui sont attribuées. On doit donc, à cet égard, substituer au faux éclat de la richesse la grandeur et la noble simplicité des plis.

« 5° Il est à propos, dans les positions très-développées, de dégager autant que possible les articulations, et de ne jamais se permettre de cacher les pieds par les draperies, car ce sont eux qui décident de la hauteur des figures et témoignent de leur aplomb.

« 6° Il est encore deux choses qui, à l'égard des draperies, favorisent beaucoup le génie de l'artiste, ce sont : la diversité des étoffes et la faculté de leur associer, presque toujours à son gré, telle ou telle nuance. En effet, rien de plus varié que le tissage du lin, de la laine, du coton, de la soie ou du chanvre; rien de plus varié que les couleurs dont on les enrichit; rien enfin de plus capable d'éviter l'uniformité inséparable d'une seule nature d'étoffe, comme d'un seul ton, pour chacun des vêtements de tous les personnages. » Aussi, faut-il chercher surtout à bien rendre la nature de l'étoffe.

VI. — De la convenance.

« La convenance est basée sur le sentiment et le bon goût, et surtout sur l'exactitude du costume, dit toujours M. Delaistre. Ainsi, un tableau peut être un fort bel ouvrage sous le rapport du dessin , du coloris et de l'exécution, et pécher complétement sous celui des convenances. C'est ce qui se remarque surtout dans les peintures vénitiennes. »

« Jamais (dit Dufresnoy) on ne peindra sur le pourtour d'un parquet la foudre, les nuages et les vents (comme sujet principal s'entend), ni sur un plafond les eaux ou les enfers. » Le pourtour des parquets, effectivement, doit être réservé, autant que possible, aux sujets terrestres, comme les plafonds et les coupoles aux sujets aériens.

Mais il faut remarquer que cette règle, quoique très-raisonnable, n'a presque jamais été observée dans aucun temps.

On pourrait ajouter encore qu'une trop grande différence entre la grandeur du sujet et la petitesse de l'image ou entre la petitesse, la simplicité du sujet et la grandeur de l'image, pécherait également contre la convenance, et pourrait détruire l'unité de l'idée.

IV

OBSERVATIONS DÉTACHÉES.

Rustici, élève de Vérochio et condisciple de Léonard de Vinci, disait : 1° Qu'il fallait réfléchir longtemps sur l'ouvrage avant d'en faire l'esquisse ; 2° qu'il fallait laisser reposer longtemps l'esquisse sans la regarder. Il ajoutait une troisième maxime, qui ne peut pas être générale, quoiqu'elle soit excellente, c'est de ne laisser voir son ouvrage que quand il est terminé. Cette maxime est très-bonne, et J. Reynolds dit fort judicieusement à ce sujet : « Il arrive presque toujours qu'on se dégoûte d'achever un tableau qu'on montre avant qu'il soit fini, l'artiste jouissant par là d'avance d'un plaisir qu'il doit reculer pour lui servir de stimulant, et pour le faire hâter d'y mettre la dernière main. »

***

Dans une composition, c'est aiguiser l'intérêt que de choisir le moment où l'action générale n'est pas encore accomplie; par ce moyen, l'esprit du spectateur est excité, car ce qui vient de se faire et ce qui se fera se trouvent ajoutés, dans son esprit, à ce qui se fait sur le tableau.

Ainsi, par exemple : Joseph va être jeté dans une citerne, un de ses méchants frères porte enroulée sur son épaule une grosse corde dont la vue fait frémir. Le juge dont Cambyse punit si cruellement la prévarication est étendu sur une table; le bourreau qui doit l'écorcher fait voir entre ses dents un couteau dont l'aspect fait frissonner.

*
* *

Si l'artiste représente des êtres d'une nature très-élevée, ce sera aider à la vraisemblance que d'augmenter la dimension de l'image. — En général, les hommes sont très-sensibles au grand de dimension.

La dimension ordinaire étant de cinq pieds et demi, selon les Grecs, on peut assigner la mesure de six pieds aux figures héroïques ou sublimes, et même celle de six pieds et demi à sept aux dieux. L'Apollon du Belvedère a sept pieds, et la Vénus de Gnide en a six.

Un moyen artificiel d'arriver à ce résultat, c'est de resserrer le champ du tableau. Beaucoup d'ouvrages de l'école italienne doivent tout leur grandiose à cet artifice. On y arrive également par un faire large et débrouillé.

L'image réduite de moitié donne un peu l'idée d'une grandeur naturelle petite; aussi dit-on ordinairement qu'une telle réduction est trop petite ou pas assez. Elle doit donc être d'un tiers ou d'un quart. Les figures des tableaux de Poussin et de Gérard Dov peuvent être citées comme exemple dans les petites dimensions.

*
* *

« Un artiste, dit M. Sutter (*Philosophie des Beaux-Arts*), qui possédera les lois de la composition, du dessin, du clair-obscur et du coloris, sera dans une situation favorable à de grands succès. »

*
* *

N'abandonnez un tableau comme achevé que lorsque vous n'y verrez plus un seul défaut, même le plus insignifiant en apparence. Il y en aura toujours trop de ceux que vous n'aurez pas aperçus.

*
* *

Ce n'est pas une petite négligence dans une partie, souvent secondaire, du tableau qui peut l'empêcher de paraître une œuvre remarquable, mais c'est cette même petite négligence, souvent répétée, qui en fait une œuvre très-médiocre.

*
* *

En France, a dit je ne sais plus qui, personne ne veut se contenter d'être beau dans ses ouvrages, tout le monde veut être sublime.

*
* *

En général, on ne peut arriver à la perfection que par degrés, et les esprits les mieux organisés eux-mêmes sont obligés, le plus souvent, de passer par tous les grades, qu'ils n'obtiennent qu'à force de travail, de patience et de génie.

Les commençants sont toujours trop pressés d'arri

ver au sommet de l'échelle, c'est pourquoi il y en a tant qui perdent haleine et qui succombent en chemin. Ils devraient tous graver dans leur mémoire ce proverbe latin : *Sat citò si sat benè.* On va assez vite quand on va bien. Je ne veux pas dire qu'ils visent à trop bien faire, loin de là, mais qu'ils entreprennent des ouvrages au-dessus de leurs forces.

*
* *

Le défaut de tous les commençants en général, surtout de ceux qui sont très-faibles en dessin, c'est de se dire coloristes ; il est vrai que cela ne fait de tort à personne, aussi n'est-ce pas là qu'est le danger. Mais le mal est qu'à force de le dire ils finissent par le croire, ce qui est cause qu'ils négligent beaucoup trop les études de dessin, comptant racheter leurs incorrections par un brillant coloris. Ils ne savent pas quelles amères déceptions ils se réservent pour l'avenir.

*
* *

Entre un bon tableau et un tableau médiocre, surtout quant à l'exécution, il n'y a souvent que l'épaisseur d'un cheveu. C'est cette limite qui est si difficile à franchir pour le vulgaire.

*
* *

Les copies conviennent principalement aux élèves qui ont peu de facilité. Quintilien dit : « Ce n'est pas en lisant beaucoup de livres, mais en lisant beaucoup les bons, que notre goût se forme et se fortifie. » De même, ce n'est pas en copiant beaucoup de tableaux qu'on s'instruit, mais en étudiant et en cherchant à bien comprendre les meilleurs.

*
* *

Le commençant doit faire vrai d'abord, beau ensuite.

*
* *

Qui trop embrasse mal étreint, dit un proverbe ; or, les proverbes ont toujours raison. Aussi, bien que l'artiste doive être capable de traiter tous les sujets en général, s'il veut avoir vraiment du succès et arriver à la perfection, il doit s'attacher par-dessus tout à un genre : celui pour lequel il se sentira le plus de dispositions.

*
* *

Celui qui a découvert le genre qui convient le mieux à son génie a déjà fait la moitié du chemin.

*
* *

L'entrain vient en travaillant, comme et mieux encore que l'appétit vient en mangeant. Celui qui voudrait toujours attendre d'être bien disposé pour se mettre à l'ouvrage risquerait fort de passer sa vie dans la paresse et l'oisiveté.

*
* *

Cependant, si le corps a besoin de repos, l'esprit en a besoin bien plus encore; et ce serait une erreur de croire que c'est par un travail sans relâche et obstiné que l'on arrivera le plus sûrement au résultat.

*
* *

Une recommandation, qui semblera ridicule à beaucoup de gens, et qui cependant est très-importante, c'est de ne travailler que dans un lieu et de ne s'entourer que d'objets capables d'élever l'esprit et le cœur. On comprendra la justesse de ces conseils si l'on a remarqué combien sont différentes les impressions que l'on ressent sous les voûtes imposantes et majestueuses d'une cathédrale de celles que l'on éprouve sous les planchers bas et écrasants d'une cave ou d'un grenier.

*
* *

« Tout au rebours des grands hommes, dit M. T. Gautier (*l'Art moderne*), les artistes médiocres sont toujours heureux de leurs œuvres. Si mince que soit le résultat, il est à la hauteur de la conception. L'habileté de main, les hasards du travail produisent même quelquefois des effets inattendus dont ils sont joyeux et surpris; l'exécution dépasse la pensée. »

*
* *

« Les arts ont un double but (M. Berthoud), ils doivent s'adresser à la fois aux exceptions et aux généralités.

« Les exceptions, c'est-à-dire les intelligences développées par l'éducation, l'art et le contact de l'art, doivent rencontrer dans une œuvre les secrets et les ressources de l'étude ; c'est pour elles qu'en silence le génie se nourrit et s'inspire des maîtres, puisqu'il rejette à la fin leurs langes glorieux et qu'il s'écrie : Je suis celui qui est !

« Aux généralités, c'est-à-dire aux masses, il faut la pensée qui saisisse, l'exécution qui frappe, le drame qui remue.

« Ce sont les généralités qui font le succès.

« Ce sont les exceptions qui le confirment. »

V

DU DANGER DES RÈGLES.

Mieux vaudrait cent fois n'avoir jamais entendu parler des règles dans les beaux-arts, que de vouloir les appliquer le livre en main. Elles sont comme un remède dangereux qu'il faut employer avec discernement, car il peut donner la vie et la mort. Les commençants sont comme les valétudinaires, ils ne doivent en user que par petites doses. Le jeune homme qui, possédant en lui le germe du génie, ne prendrait ni repos ni trêve, mais qui, toujours occupé de son art, se préoccuperait sans cesse de mettre *toutes à la fois* en pratique les théories qui sont enseignées sur les beaux-arts, se préparerait une place assurée ou dans l'histoire des peintres célèbres ou dans l'hôpital des fous. Composez donc d'abord comme si vous ignoriez même qu'il y a des règles, et pour cela apprenez tellement à fond et soyez si bien pénétré des lois sur la beauté, la composition, le clair-obscur, etc., que vous puissiez les appliquer sans même y songer et à votre insu pour ainsi dire. Mais quand votre composition sera terminée, alors jugez-la sévèrement d'après elle, et faites les corrections qui seront nécessaires. Et surtout, surtout, que votre composition ne laisse soupçonner ni le travail difficile, ni la peine qu'elle a pu vous coûter.

Enfin, si vous ne réussissez pas, malgré tout votre zèle à mettre les règles en pratique, n'en accusez pas la théorie, car elle n'est pas plus capable de donner du génie à l'artiste que l'instruction ne peut donner de l'esprit à celui qui n'en a pas reçu de la nature. Aussi l'étude des beaux-arts n'a-t-elle pour but que de développer le talent naturel de l'artiste. Le difficile n'est pas de comprendre la théorie, mais bien de l'appliquer.

VI

AUTEURS A CONSULTER.

J'ai cru rendre service aux jeunes artistes et leur faciliter les recherches en leur donnant une liste des principaux auteurs qui ont écrit sur les différentes parties de la peinture et qu'ils pourront consulter au besoin.

Ouvrages sur le costume.

Boëttiger.
Chéry.
Dandré-Bardon.
Harms.
Junker.
Lens.
Mongez. (Voy. *Ency. méth.*)
Odoart.
Paléotti.
Schoombeck.
Tilemanus.
Vauthier et Guyot.
Vécellis.
Willemin.
Viviani.

Beaudoin, *Chaussures.*
Bynœus, *Chaussures des Hébreux.*
Braunius, *Vetements des Hébreux.*
Bulwer, *Habillements.*
Hyde, *Costumes des anciens Perses.*
Hope, *Costumes des anciens.*
Nadal, *Habillements des dames romaines.*
Spallart, Traduction d'un ouvrage allemand intitulé : *Tableau historique des costumes, des mœurs, etc., des principaux peuples de l'antiquité et du moyen âge.*

***	*Recherches sur les théâtres et les costumes de toutes les nations.* (48 vol.)
***	*Costumes de divers peuples.* (*Rome*, 1813, *chez Pirelli.*)
Chambres,	*Costumes chinois.*

Ouvrages sur les mœurs, usages, etc.

Bridant,	*Usages des anciens.*
Duboulay,	*Cérémonies des Romains.*
Glen,	*Usages et coutumes des anciens et des modernes.*
Ménard,	*Mœurs et usages des Grecs.*
Nieuport	*Cérémonies des Romains.*
Picard (Bernard),	*Cérémonies religieuses de tous les peuples.*
Corsini,	*Jeux sacrés des Grecs.*
Kirchman,	*Funérailles des anciens.*
Sambert,	*Sacrifices des Hébreux.*
Burette,	*Danses et exercices antiques.*
Calliachi,	*Pantomimes.*
Hoogens,	*Luttes des anciens.*
Schulzius,	*Athlètes et costumes des anciens.*
Dubos,	*Masques des anciens.*
Nicolaüs,	*Divinités et nimbes.*
Paciaudi,	*Bains des anciens.*
***	*Antiquités judaïques.* (103 *figures.* — *Utrecht*, 2 *vol. in-folio.*)
Bussy,	*Art militaire des anciens.*
Lolooz,	*Tactique militaire des anciens.*
Mézeroy,	*Cavalerie grecque.*
Invernizi,	*Éperons, mors, etc., des anciens.*
Clarac (le comte de)	*Description des antiques du musée royal de Paris.*
	Voyages de l'abbé Prévost.

Auteurs qui ont écrit sur les sujets allégoriques.

Millin (au mot *Allégorie*).
Alciat.
Winckelmann.
Ripa.
Chartarius, *Imag. deorum. Francfort*, 1687.
Giraldus, *Lust. deorum.*

Guizot.	Pelletier.
Natalis-Comes.	Spence.
Branier.	Schoonhovius.
Heyne.	Sulzer.
Koltz.	Masuccio.
Mongez.	

Auteurs à consulter pour les caricatures.

Mulconn (*Londres et Paris, n°* 134 *de notre catalogue*).

Hogarth.	Grose.
Kluber.	

Auteurs qui ont écrit sur les sujets de l'Ancien et du Nouveau Testament.

Armenini (3e *livre*).	Huldreick.
Ayala.	Junker.
Bélitz.	Lamotte.
Durr.	Méry.

Emeric David (*Peinture du moyen âge*).

Frisius.	Millin (au mot J.-C.).
Giglio.	Molanus.
Gumpenbergius.	Ottonelli.
Hassens.	Paléotti.

Horn. Pelletier.
Reiskius.

Auteurs qui ont écrit sur le choix des sujets en peinture.

Caylus.	Garve.	Grose.
Guizot.	Jung.	Klotz.
Kluber.	Kœnig.	Sulzer.
Lazzarini.	Masuccio.	Meiners.
Mongez.	Pelletier.	Riedel.
Schelgel.	Schiller.	Spence.
Winkelmann.	Viviani.	Yung.

Ouvrages sur la peinture et les beaux-arts.

Léonard de Vinci,	*Traité de la peinture.*
De Piles,	*Abrégé d'anatomie (avec gravures), mis en lumière par Tortebat.*
De Piles,	*Cours de peinture par principes.*
Dandré-Bardon,	*Traité de peinture.*
Armand,	*Réflexions sur l'art de la peinture, considérée comme peinture héroïque.*
Raphaël Mengs,	*Ses œuvres.*
Lairesse,	*Le grand livre des peintres.*
Josué Reynolds, (le chevalier)	*Ses œuvres, traduites de l'anglais par Jansen.*
Dufrénois,	*L'art de la peinture, poëme traduit en français par R. de Piles.*
Lebrun,	*Conférences sur l'expression des passions.*
Gesner,	*Lettres sur le paysage.*
Watelet,	*L'art de peindre, poëme.*
Lemière,	*La peinture, poëme.*
Landon,	*Vie et œuvres des peintres célèbres.*
De Montabert,	*Traité de peinture (8 vol. et atlas).*

Bouvier,	*Manuel des jeunes artistes et amateurs.*
Delaistre,	*Cours méthodique du dessin et de la peinture.*
Suter,	*Philosophie des beaux-arts.*
L. Vitet,	*Étude sur les beaux-arts.*
Dumesnil (Alf.),	*L'art italien.*
Gault de S-Germain	*Guide des amateurs de peinture.*
Dubos,	*Réflexions critiques sur la poésie et la peinture.*
Pernety,	*Dictionnaire portatif de peinture, sculpture, gravure, etc.*
***	*Dictionnaire abrégé de peinture et d'architecture.*
***	*Encyclopédie méthodique (beaux-arts), 3 vol. avec les planches.*
Barthélemy,	*Voyage du jeune Anacharsis en Grèce.*
Rio,	*De la poésie chrétienne, forme de l'art, 2 vol. in-8°. (Malgré le titre, il ne s'agit guère que de peinture dans ces 2 vol.)*
De Montalembert,	*Préface ou introduction de la Vie de Ste-Élisabeth.*
De Montalembert,	*Du vandalisme dans l'art, in-8°.*
Dupaty,	*Lettres sur l'Italie (avec réserve).*
Mazure (A.),	*Paysage, Dieu, la nature et l'art.*
***	*Les meilleurs traités de littérature qui ont dans leur partie philosophique des points communs avec la théorie des arts.*
Pascal,	*Son dernier ouvrage.*
Lessing.	

CINQUIÈME PARTIE

DU PORTRAIT

I

CONSEILS SUR LE PORTRAIT

Fausse idée qué l'on a de l'art du portrait.

L'art du portrait est aussi noble et présente autant de difficultés que les autres genres de peinture. Il ne s'agit de rien moins, en effet, que d'associer le vrai au beau, ce qui n'est pas toujours aussi aisé qu'on le suppose. Du reste, le petit nombre de bons portraits que nous connaissons en est une preuve irrécusable,

Le portraitiste, du moins celui qui est véritablement artiste, n'est autre chose qu'un peintre de mœurs, un philosophe et non pas le copiste servile de quelques signes faibles et très-peu intéressants; ce n'est pas tant la reproduction mathématique des traits de son modèle que celle de son caractère lui-même qu'il doit transporter sur la toile. Aussi, voyez la différence de sensation que produit sur l'esprit du spectateur la vue de deux portraits dont l'un n'est, pour ainsi dire, qu'une fidèle épreuve photographique, tandis que l'autre est une œuvre d'art dans toute l'acception du mot. Dans le premier, ce qui frappe par-dessus tout son attention, ce sont ces mille petits détails de la figure et du costume, dont la fidèle imitation attire les cris d'enthousiasme de la foule ignorante; dans le second, au contraire, il ne songe même pas à l'exécution; ce n'est plus une peinture qu'il a devant les yeux, car la toile, la couleur, la matière, tout en un mot a disparu pour faire place à un être moral, qui lui semble être l'âme elle-même de la personne qui a été transportée sur la toile.

M. Pierre, fort mauvais premier peintre du roi, disait un jour avec bonhomie : « Savez-vous pourquoi nous autres peintres d'histoire nous ne faisons pas de portraits? C'est que cela est trop difficile. » Et cependant M. Pierre avait composé des peintures vastes pour des pendentifs et des coupoles, il avait fourni un nombre considérable de dessins pour des vignettes, des tapisseries, etc., etc. Quelle leçon pour bon nombre de peintres et d'amateurs qui, sans instruction artistique, aspirent à l'honneur d'exceller dans cet art difficile !

Puisque l'art du portrait ne diffère en rien des autres genres de peinture, composer un portrait, c'est donc composer un tableau. Voyez du reste dans les galeries de dessin les essais en petit et les esquisses que faisaient les Van Dyck, les Rubens et tous les plus célèbres portraitistes enfin. Du reste, le sens commun ne dit-il pas qu'il faut méditer sur la pose la plus convenable au modèle, sur la disposition des draperies, sur leurs couleurs, etc., etc.? Que de peintres cependant semblent ne s'être jamais doutés qu'il fallait prendre tant de précautions!

II

DE LA PHOTOGRAPHIE.

Depuis que la photographie est tombée dans le domaine public et que chacun avec un atelier bien éclairé, beaucoup de soins, de très-bons produits, une bonne machine, et un peu d'intelligence, peut devenir aisément *artiste photographe*, un nombre prodigieux d'*artistes* a inondé la France et l'étranger. Un moment la peinture et les peintres se sont crus en danger : les peintres, parce que le bon marché des portraits photographiés, la rapidité de l'exécution, et la certitude d'avoir qui sa robe neuve et à grands ramages, qui sa cravate brodée, qui son maintien prétentieux aussi scrupuleusement rendu, aussi raide et empesé que l'original (ce que beaucoup considèrent comme de la beauté et de la distinction), parce que toutes ces considérations, dis-je, faisaient déserter l'atelier du peintre pour celui du photographe; la peinture, parce que rien n'est contagieux comme le mauvais goût; or, il faut l'avouer, et les plus habiles photographes eux-mêmes ne pourront le nier, le plus grand nombre des portraits photographiés sont d'un ridicule et d'un mauvais goût qui feraient rire, si, dans le fond, il n'y avait un danger sérieux pour le public et les beaux-arts. Aussi, grand nombre d'amateurs, les uns par mauvais goût naturel, les autres par ignorance des vraies sources du beau, s'empressèrent-ils de proclamer que la photographie était appelée à faire grand tort un jour à la peinture en général, et au portrait en particulier. Encore un peu de temps, disaient-ils, que l'on trouve le secret de reproduire la couleur des objets, et c'en est fait de la peinture. Non, il n'en sera pas ainsi; qu'on se détrompe ; jamais la machine ne prendra la place de l'intelligence ; or, nous verrons que c'est surtout l'intelligence de l'artiste qui fait le bon portrait. La photographie ne pourra jamais porter préjudice qu'à tous ces pauvres hères, rapins à perpétuité, qui vivaient misérablement, en parcourant la ville et la province, du produit de quelques rares portraits faiblement rétribués. C'est là un malheur sans doute, car le génie quelquefois a suivi le chemin de la misère, et ce n'est qu'après de longues et pénibles épreuves que plusieurs ont pu voir briller enfin des jours de bonheur. Mais s'il est vrai que les jeunes gens trouveront désormais encore plus de difficultés matérielles que par le passé aux abords de la carrière, peut-être réfléchiront-ils davantage aussi avant d'embrasser une profession dans laquelle il est si difficile de se frayer même un sentier.

La photographie, comme tout ce qui est nouveau, a eu son moment de vogue qui, Dieu merci, commence à passer. Aujourd'hui ses partisans les plus zélés eux-mêmes, ceux du moins qui sont de bonne foi, ne peuvent s'empêcher de reconnaître que la machine perce toujours et se laisse voir, même dans les épreuves les plus artistiques, comme disent ces messieurs. Du reste, le public, lui aussi, commence à trouver les portraits qui sortent de l'instrument froids, guindés et ridicules, même quand ils ne sont pas affreusement laids. Que serait-ce donc s'il savait que dans dix ans, vingt ans, trente ans peut-être, c'est-à-dire à l'époque où l'on tiendra le plus à posséder l'image d'une personne qui nous est chère, et que la mort nous a ravie peut-être, c'est alors que tout aura disparu pour ne plus laisser qu'une surface vide qui semblera insulter à notre douleur? En effet, la grande préoccupation des chimistes-photographes est de trouver le moyen de fixer solidement ces images, de manière à ce que les éléments qui composent l'air et la lumière n'aient aucune action sur les produits qui, par affinité chimique, se sont combinés pour la former. Quelques-uns, il est vrai, croient avoir trouvé le grand secret; mais qu'il me soit permis de dire que j'ai de fortes raisons pour en douter. Du reste, l'avenir sera là pour nous l'apprendre.

De tout ce que je viens de dire il ne faut pas conclure que le daguerréotype ne soit appelé qu'à porter préjudice aux beaux-arts. Loin de moi cette pensée. Comme toutes choses en général, la photographie a son bon et son mauvais côté. C'est l'abus seul qu'il faut condamner. Ce que je blâme chez la plupart des photographes, c'est de croire qu'il suffit de reproduire avec netteté une figure ou un monument quelconque pour avoir rempli toutes les conditions du beau. Je n'ignore pas que d'habiles praticiens en ce genre ont donné des preuves d'un grand goût et d'un savoir vraiment digne d'éloges ; mais combien y en a-t-il qui méritent le titre d'artiste que la plupart se sont tant empressés à se donner?

Comme je le disais tout à l'heure, la photographie a aussi son bon côté. Un de ses plus grands avantages pour le public c'est qu'un nombre incalculable de personnes à qui leur position de fortune ne permettrait pas d'avoir recours au peintre peuvent se procurer leur image à un prix très-modéré. Un autre, non moins précieux, c'est de mettre sous les yeux des spectateurs et de populariser encore davantage les hommes illustres et les personnages remarquables de notre époque. On peut en dire autant pour les monuments, les villes et les contrées lointaines, que nous ne pouvons visiter et qu'elle transporte pour ainsi dire sous nos yeux. Enfin, je ne parlerai ici que pour mémoire de ses nombreuses applications aux sciences et aux industries, applications dont le nombre va tous les jours croissant.

La photographie offre aussi des avantages aux arts et aux artistes : d'abord, en ce qu'elle reproduit à l'infini les dessins et les tableaux des maîtres avec une exactitude que la gravure et la lithographie ne sauront jamais égaler. Malheureusement certains tableaux ne peuvent être reproduits que très-imparfaitement à cause de leur coloris, ce qui détruit quelquefois toute leur harmonie.

La raison en est que :

Le blanc et le bleu de ciel se rendent par le blanc;
Le bleu, le violet et le rose, par le gris ;
Le jaune, par le gris foncé;
L'indigo, le rouge et l'orangé, par le demi-noir;
Le vert et le noir, par le noir.

Un autre avantage que peut en retirer le peintre, c'est de pouvoir s'expliquer clairement et se rendre compte, bien mieux qu'à l'aide de toutes les théories possibles, des effets produits par la lumière sur les corps.

Je crois devoir réfuter ici une erreur que pourraient partager les élèves en peinture et qui serait très-funeste à leur avenir. Le dessin, se diront-ils, est une des parties les plus difficiles de la peinture. Je sens que j'aurai de grandes difficultés pour parvenir à bien faire ; pourquoi ne me servirais-je pas de la photographie? je gagnerais ainsi bien des années de travail, il me suffirait de savoir bien copier; or, comme je suis coloriste (tous les commençants sont coloristes), j'arriverais promptement et sans beaucoup de peine à faire de vrais chefs-d'œuvre. Que de physionomies, que d'expressions délicates on ne peut rendre qu'avec difficulté et un grand talent à l'aide du pinceau! avec le daguerréotype, au contraire, je saisirais l'expression la plus fugitive presque instantanément; et pour le paysage, que de coups de soleil, que d'effets de lumière magnifiques, mais qui ne sont que momentanés, et que le peintre n'a pas le temps de transporter sur la toile! je pourrais rendre tous ces effets avec la fidélité du trompe-l'œil.

Voilà ce que j'ai entendu dire bien souvent par de jeunes artistes qui se sont repentis bien vite d'avoir mis leur idée à exécution. Que leur expérience serve donc à ceux qui seraient tentés de faire le même essai, et qu'ils se rappellent qu'ils en seront pour leur perte de temps, d'argent et quelquefois aussi de santé. Mais comme l'idée est séduisante et qu'on ne s'en rapportera peut-être pas à de simples conseils, je vais indiquer les principaux inconvénients qui résultent de l'usage du daguerréotype.

Le premier, et qui n'est pas des moindres, consiste dans la perte de temps que nécessitent toutes les opérations, telles que préparer les bains, les filtrer, nettoyer les plaques, préparer le papier, etc., etc. Aussi le plus souvent avec un peu d'habileté a-t-on bien plus tôt fait avec le crayon qu'avec la machine. Ensuite, l'élève qui compte sur le bon résultat néglige les études de dessin et quelquefois aussi la peinture elle-même qu'il finit par abandonner (on en a vu plus d'un exemple), trouvant plus facile d'obtenir une image à l'aide de l'instrument qu'avec le crayon ou le pinceau.

Le second, c'est qu'il faut que l'objet que l'on veut reproduire soit très-vivement éclairé, autrement on n'obtiendrait aucune image. Aussi est-il impossible de représenter certains intérieurs, comme ceux à la Rembrandt, par exemple, et quand bien même ils seraient dix fois plus éclairés encore. En sorte qu'il faudrait que l'artiste eût deux ateliers, un pour la photographie et un autre pour la peinture; car, outre que sur vingt ateliers de peinture on n'en trouverait peut-être pas un de suffisamment éclairé pour le daguerréotype, il est bon que vous sachiez encore que la plupart des produits chimiques dont se sert le photographe ont une odeur très-désagréable et très-pénétrante, et que plusieurs sont des poisons des plus violents.

Le troisième, c'est qu'il y a impossibilité de saisir certains effets de lumière momentanés, pas plus que certaines expressions passagères et qui ne peuvent être prolongées longtemps sans grimace;

car, même en supposant qu'on se trouverait en présence de la nature que l'on veut reproduire avec tous les instruments nécessaires, avant que l'on ait mis au point, que la plaque soit préparée, etc., l'effet ou la physionomie ont eu le temps de disparaître bien des fois. Sans compter qu'il est presque toujours nécessaire de faire plusieurs épreuves avant d'en obtenir une satisfaisante.

Le quatrième, c'est que le daguerréotype déforme toujours un peu les objets; c'est ainsi que les parties saillantes sont beaucoup trop accentuées par rapport à celles qui sont plus reculées, déformation qui est causée par la forme lenticulaire des verres et qui n'empêche pas l'image de paraître plate et dépourvue d'aérien, sans le secours du stéréoscope ou autres instruments analogues : en sorte qu'en copiant l'épreuve on n'arrivera pas à cette grande perfection de dessin que l'on désirait obtenir.

Le cinquième, c'est que la perspective aérienne n'est pas toujours bien observée dans le paysage et les figures, et que les rapports des tons de la nature entre eux ne sont pas bien exprimés. On doit le comprendre, du reste, en examinant ce que nous avons dit plus haut sur la manière dont les couleurs de la nature sont rendues par le daguerréotype.

Le sixième enfin, c'est qu'il est aussi difficile de saisir la physionomie d'après l'épreuve, qu'on est obligé de grossir considérablement (je suppose que l'on veut faire de grandeur naturelle), aussi difficile, dis-je, que d'après nature. Et même, en admettant que l'on n'éprouve pas plus de difficulté, le travail du peintre n'a jamais ce moelleux, cette liberté qui donnent tant de charme à la bonne peinture et qui font qu'on la regarde avec plaisir et sans fatigue, parce qu'il semble que l'artiste est arrivé au résultat sans effort; mais il arrive toujours, au contraire, qu'il y a quelque chose de pénible, de sec, de raide, qui laisse deviner l'œuvre de l'homme-machine.

Cependant, je n'ignore pas le grand usage que plusieurs peintres font tous les jours de la photographie, et je pense même que l'on peut en tirer parti; mais il faut être très-habile pour la mettre à profit sans que le spectateur s'en aperçoive. Aussi ai-je cru devoir détourner les commençants d'en faire emploi, qui croiraient trouver une ancre de salut là où ils ne rencontreraient peut-être qu'un instrument on ne peut plus fatal à leurs succès.

III

DES DIFFÉRENTS GENRES DE PORTRAITS.

On peut ne représenter qu'une personne seule, comme aussi on peut en représenter plusieurs dans un même tableau. On peut encore les peindre en grand ou en petit, agissant, faisant une action, ou bien ayant une attitude de repos. C'est cette dernière que choisit l'artiste le plus souvent, et il a raison; car un portrait, devant être l'image des mœurs du personnage, qui sont une chose générale, il doit être représenté en repos et non faisant une action, ce qui est une chose particulière. Autant que possible, il faut éviter de réunir plusieurs portraits dans un même tableau, ce que l'on fait quelquefois dans les portraits dits de famille ou groupes ; car on comprend sans peine qu'il faut nécessairement sacrifier dans ce cas ou l'unité, ou quelques figures du tableau, ou enfin la beauté de l'ensemble. Mais comme on y est quelquefois obligé, il faut éviter, si la famille n'y met pas obstacle, de tourner tous les regards des personnes représentées vers le spectateur, ce qui donne à toutes ces figures quelque chose d'étrange et de fatigant à voir. Ceci nous amène à dire un mot sur les portraits à regard perdu.

« Les portraits qu'on appelle à *regard perdu*, dit Bouvier, sont ceux où le modèle ne regarde pas le peintre, mais tout autre objet qui se trouve dans le tableau, ou même qui ne s'y trouve pas et qui est censé être au delà de l'encadrement. Il s'en fait beaucoup dans cette situation, et si ce ne sont pas ceux qui facilitent le plus la ressemblance, ce sont du moins les plus pittoresques. Les artistes auxquels on laisse une entière liberté d'adopter telle situation qu'il leur plaira la choisissent volontiers, parce qu'elle présente divers avantages de composition qui rendent ces sortes de portraits moins communs que la plupart de ceux dont les yeux regardent tout le monde, ce qui a toujours lieu quand le peintre se fait regarder par son modèle. »

On peut, avons-nous dit, faire les portraits en grand ou en petit. « Malgré le succès, et je pourrai dire le charme de cette foule de portraits en petit, sortis de la main des maîtres de l'école hollandaise, flamande, etc., dit M. de Montabert, on peut avancer que la dimension naturelle, c'est-à-dire telle qu'est celle de l'individu placé à fleur du cadre et vu perspectivement, est la plus favorable à l'expression de la vérité et la plus satisfaisante généralement parlant, en ce que le spectateur peut en s'approchant de l'image découvrir des caractères que la dimension des petits portraits ne permet pas de rendre sensibles, et en ce que l'idée d'un modèle petit accompagne presque toujours le spectacle que donne une très-petite peinture. »

Enfin, on peut encore diviser les portraits en : 1° têtes, 2° bustes, 3° demi-figure et 4° en pied.

Les vraies divisions pour ces divers portraits doivent avoir lieu :

1° A travers les pectoraux pour ce qu'on appelle une *tête*.

2° Vers le sternum pour un *buste*, sans les mains. (Le buste doit être et paraître plus grand que la tête.)

3° Vers le milieu de la cuisse pour un portrait ou *figure à mi-corps*. Si la figure est assise, on pourra la sectionner au-dessous du genou.

Et 4° jusqu'au sol ou en pied pour une *figure entière*. Ce qui prouve qu'un portrait en pied est une œuvre très-difficile, c'est qu'il n'y a que ceux qui sortent du pinceau d'un artiste très-habile qui sont vraiment beaux et intéressants.

IV

CONDITIONS GÉNÉRALES POUR FAIRE UN PORTRAIT.

La première chose à faire quand on entreprend un portrait, c'est d'abord d'observer et de bien connaître la personne qu'on doit peindre, et de déterminer dans quel mode il convient de la représenter [1]. Alors on procède à l'esquisse dans laquelle il faut réaliser sa pensée. Puis il faut amener le modèle à cette espèce de pose et la saisir avec justesse. Cette condition est d'ailleurs une des plus difficiles.

Une condition très-importante encore, c'est de ne jamais arrêter le mouvement de la tête sans arrêter aussi en même temps le mouvement correspondant du corps.

Lorsqu'on en est à l'ébauche de la tête, il faut s'occuper de copier exactement les formes, les ombres, les lumières, la couleur, etc., avant de songer à rendre la physionomie, et lorsque cette première condition est remplie, le portrait doit déjà être ressemblant. Là finit le métier, là commence le travail du véritable artiste. C'est alors que l'on termine et que l'on anime la figure par ces riens qui sont si caractéristiques.

Une bonne recommandation à faire au peintre de

[1] Bien entendu, il ne s'agit ici que des portraits en pied ou tout au moins demi-figures. Pour une tête ou un simple buste cette recommandation n'est pas nécessaire.

portraits, c'est de faire beaucoup d'esquisses coloriées dans lesquelles, dégagé de l'obligation de répéter la face du modèle, il pourra donner toute son attention à la disposition optique et morale de tout l'ouvrage.

Il est important, si on ne veut pas que la tête du portrait paraisse plus grosse que nature, ou de la faire réellement plus petite sur la toile, ou de donner tout le détaillé, la solidité, la couleur et la touche nécessaires pour la rapprocher du cadre. Autrement elle ferait l'effet d'une tête grosse éloignée. C'est par une raison analogue que certaines têtes peintes en miniature d'une manière dure, aride et dépourvue d'aérien, semblent petites et proches de la bordure du tableau. Remarquez en passant qu'une tête qui n'est qu'ébauchée paraît plus grosse que lorsqu'elle est finie, parce que premièrement les ombres en sont plus vagues, plus légères, plus aériennes qu'elles ne le seront au deuxième travail, et secondement, parce que les tons obscurcis, exprimant le modelé, diminuent l'éclat des objets et semblent en diminuer aussi le volume. En général, les corps lumineux paraissent plus grands que les corps obscurs ; des têtes peintes à gouache ou au pastel semblent plus grosses que des têtes peintes à l'huile, surtout lorsque ces dernières ont poussé à l'obscur. Voulez-vous une autre preuve de ce que j'ai avancé plus haut : examinez les arbres le soir et lorsque la nuit commence à les couvrir de ses ombres et vous en dérobe tous les détails, ou bien encore par un fort brouillard, ne vous semblent-ils pas beaucoup plus grands et plus majestueux qu'en plein midi, par exemple, lorsque le soleil les inonde de flots de lumière? Pourquoi cela ?

C'est parce que tous les spectateurs calculent l'éloignement des objets d'après la dégradation aérienne autant que d'après la réduction du volume. Aussi ces arbres semblent-ils éloignés et par conséquent très-grands, puisqu'ils n'ont rien perdu de leur dimension. Mais ce n'est pas là la seule cause de cette sensation; car on peut dire aussi qu'un objet, même très-rapproché et qui semble tel, paraît d'autant plus grand qu'il offre moins de détails. C'est ainsi qu'un mur nu et tout uni paraît plus grand et plus imposant que celui qui est divisé par des ornements, des ouvertures, etc.; une personne vêtue d'habits superposés et à plusieurs étages, pour ainsi dire, ou bien encore à dessins multicolores, paraîtra plus petite que si elle n'avait sur elle qu'une simple robe tout unie et à longs plis rares et tombant perpendiculairement. C'est pour cette raison encore que les figures les plus simples dans la nature et dans l'art ont toujours quelque chose de plus grand, de plus noble, de plus majestueux que celles qui frappent par un grand nombre de petits détails, surtout s'ils ne concourent pas à fortifier l'unité de l'ensemble. Si l'on en veut des exemples, qui au besoin pourraient servir de preuve, on en trouvera d'excellents dans les tableaux de l'école italienne, en général, et dans ceux de l'école romaine et de Raphaël en particulier, dans les statues grecques et romaines, etc. C'est pourquoi le professeur recommande si souvent aux élèves de remplacer leur faire petit et mesquin par une exécution plus large et plus grande, afin d'obtenir aussi plus de noblesse et de grandeur dans leurs ouvrages.

Un moyen pratique très-facile d'exprimer la stature de l'individu, c'est, s'il est grand, de le placer haut dans le cadre, c'est-à-dire de mettre peu de champ au-dessus de lui, et d'en mettre beaucoup, au contraire, s'il est petit.

Il arrive souvent qu'on a l'intention de peindre un portrait ou un sujet quelconque sur un fond de ciel. Cela peut se faire ; mais il faut que l'artiste soit déjà assez habile et fort adroit pour savoir détacher agréablement une tête sur un pareil fond.

« Les fonds de ciel qui font le meilleur effet, dit Bouvier, sont ceux qui représentent un ciel orageux et rembruni ; d'abord parce qu'ils sont susceptibles d'être diversifiés de beaucoup de sortes de teintes, ce qui les rend très-harmonieux relativement aux têtes...... Qu'on ne dise pas qu'il est faux d'éclairer d'une vive lumière une tête et même toute une figure, tandis qu'on l'appuie sur un fond d'orage ou de mauvais temps; cela se voit tous les jours..... car le peintre ne peint et ne peut peindre que la partie du ciel qu'il voit devant lui : or, ce n'est point celle-là qui éclaire son modèle. Est-il besoin de dire que si l'on détache la tête sur un fond de ciel, il faut tenir les ombres très-claires et comme on les voit en plein air, et non pas aussi brunes que dans un intérieur, comme celui d'un atelier, par exemple ?

« Ce qu'il faut éviter avec soin, c'est d'appuyer une tête sur un fond d'un beau bleu de ciel ; rien n'est plus désavantageux. Car non-seulement ce beau bleu détruit toute la fraîcheur des chairs, mais en outre un fond aussi clair et aussi lumineux oblige le peintre à détacher tout son sujet en silhouette. C'est-à-dire qu'il doit tenir toute la figure plus foncée que le fond, s'il ne veut pas être d'une fadeur dégoûtante. Ces fonds bleus sont d'ailleurs durs, et donnent à tout l'ensemble une apparence de faïence qui ne plaît à personne. Un tel fond pourrait tout au plus convenir aux hommes de couleur, comme à un Africain ou à une peau cuivrée.

« Les fonds de paysages ou de verdure sont souvent très-propres à servir de champ ou de fond à une tête; mais il faut les détailler très-peu, les peindre d'un ton flou, sourd et harmonieux, et éviter (surtout aux alentours de la tête) toutes les sécheresses, les formes arrêtées, les angles, en un mot tous les petits détails qui pourraient attirer les yeux aux dépens de l'objet principal, qui est la figure et surtout la tête.

« Si quelqu'un pense qu'on a tort de mettre tant d'importance à un fond, qu'il se désabuse : c'est au contraire une partie qui demande beaucoup d'attention et de calcul. Une tête très-bien peinte, d'ailleurs, peut ne faire aucun effet sur un fond mal entendu; aussi voit-on souvent les plus habiles artistes faire, effacer et refaire plusieurs fois les fonds de leurs sujets et de leurs portraits. »

V

DE LA RESSEMBLANCE.

Dans l'homme il y a deux personnes, deux êtres pour ainsi dire, l'être physique et l'être moral; un portrait ne sera donc parfait qu'autant qu'il reproduira parfaitement ces deux êtres, ou l'homme tout entier; autrement il pourra bien offrir une certaine ressemblance, mais elle sera très-incomplète. En voulez-vous la preuve? Voyez ce portrait pris au daguerréotype; comparez chaque trait de l'image avec ceux du modèle : ce sont bien les yeux, le nez, la bouche, le front, le menton, tout l'ensemble enfin, avec les plus légers détails; rien n'est oublié, et cependant cette ressemblance n'est pas satisfaisante, il vous semble qu'on a oublié quelque chose; oui sans doute, la machine a fait un oubli et peu de chose en vérité; elle a oublié l'être moral, l'âme, ou la vie enfin; aussi vous refusez, et avec raison, de reconnaître ce portrait incomplet. Mais en voici un autre; ici vous cherchez en vain des rapprochements impossibles entre les traits du modèle et ceux que vous offre l'image; toutes les proportions du visage ont été bouleversées; eh bien, malgré ce nez qui a pris des dimensions formidables, malgré cette bouche fendue jusqu'aux oreilles, ce menton qui va à la rencontre de son voisin supérieur, ces yeux microscopiques et entourés d'un réseau qui se déploie en éventail, ou qui semblent vouloir sortir de leur orbite, malgré la caricature ou la charge enfin, vous reconnaissez parfaitement dans cette image monstrueuse et infidèle la personne, peut-être belle et très-gracieuse, qu'on a voulu représenter. Que dis-je? cette ressemblance vous paraîtra peut-être même beaucoup plus frappante que la première; mais elle sera incomplète encore, car il n'y a ici que la reproduction de l'être moral ou de la physionomie, qui est l'empreinte, si je puis dire, que l'âme laisse d'elle-même sur le visage.

Le peintre qui veut exceller dans l'art du portrait doit nécessairement être physionomiste, afin de pouvoir démêler parmi toutes les expressions fugitives que lui présente son modèle celle qui lui est la plus familière, et dont les traits du visage lui donnent ordinairement les indices, surtout si la personne est âgée ou d'un caractère très-prononcé.

Mais bien que le bon peintre de portraits doive être naturellement physionomiste, il ne s'ensuit pas que toute étude devienne inutile, et que ceux qui possèdent ce don naturel [1] arriveront quand même, comme aussi ceux qui ne l'ont pas chercheraient en vain à l'acquérir. Loin de là, je pense que l'observation soutenue et l'étude de l'expression des passions seront d'un grand secours pour les uns comme pour les autres, et qu'elles peuvent même porter jusqu'à un degré suffisant le tact et la pénétration de celui qui semblait en avoir été complétement dépourvu par la nature.

Passant maintenant aux conditions à observer pour faire un portrait, nous voyons qu'il y en a quatre, qui sont : 1° *La pose* ou *attitude ;* 2° *l'air* ou *la physionomie ;* 3° *le teint;* 4° *l'ajustement.*

§ I. — De la pose ou attitude.

Rien n'est difficile comme de trouver une pose qui caractérise bien le modèle, d'autant plus que

[1] « Le talent de la ressemblance, dit M. Bouvier, est presque indépendant des talents acquis ; il faut être organisé pour cela, comme il faut avant tout qu'un chanteur ait l'oreille juste. Il y a de grands peintres qui n'ont pas le talent du portrait. »

souvent l'artiste ne le connaît que très-superficiellement. Cependant, pour arriver à faire sa connaissance, je ne puis pas conseiller à tous les peintres de faire comme le riche et somptueux Van Dyck, qui retenait ses modèles à dîner, et qui, dit-on, se trouvait très-bien de ce calcul ; il serait trop à craindre que ceux-ci ne pussent pas toujours en dire autant.

La pose du modèle doit toujours être d'une grande simplicité, et remarquable par cette grâce, cette aisance noble, cette naïveté, ce bon ton, cette décence enfin, qui est autant éloignée d'une négligence trop libre que d'une recherche choquante et prétentieuse. Les portraits de Van Dyck, de Tiziano, de Terburg, etc., sont autant de modèles de décence, et ces peintres semblent être autant d'artistes grecs en ce point.

Sur dix attitudes empruntées au modèle, il n'y en aura souvent pas une seule qui lui convienne, et cependant il en existe une, et c'est celle qu'il faudrait trouver et répéter.

Un bon portrait doit ressembler de loin et par la pose seulement. C'est parce qu'il était convaincu de cette idée que Sustermans, au dire de Lens, couvrait la tête de ses portraits, afin de voir si on les reconnaîtrait en n'apercevant que le corps et l'attitude.

« Pour donner de la grâce, de l'intérêt, de la vie au portrait, il est bon d'indiquer par sa pose un mouvement, un commencement ou une fin d'action intelligible. Ce moyen évite l'immobilité glaciale que produisent la tête et le buste placés dans la même direction, soit de face, soit de trois quarts ou de profil ; rien n'est moins gracieux, rien ne ressemble plus, disait un amateur distingué, à des soldats sous les armes ou en faction. On croisera les mouvements. Dans les portraits de Titien, de Rubens, de Van Dyck, de Philippe de Champagne, l'action, la vie, le mouvement animent la ressemblance et rendent leurs ouvrages aussi admirables de sentiment que d'exécution. » (*Encyclopédie* Roret, miniature et aquarelle.)

« On doit s'attendre, dit Bouvier, car cela arrive toujours ainsi, que les parents et toutes les personnes qui connaissent le plus particulièrement l'individu dont on a fait le portrait seront les plus difficiles à satisfaire sur l'article de la ressemblance, parce que, vivant journellement avec lui, elles le connaissent en détail sous tous les genres d'expression et de disposition, en sorte qu'elles ne se contentent pas d'une ressemblance générale; au lieu que les gens qui vivent moins familièrement avec lui, ne connaissant guère que son air de société et son caractère général d'expression, sont beaucoup plus aisément satisfaits, et se récrient ordinairement sur l'extrême ressemblance. On entend souvent dire dans le monde : Je n'ai vu cette personne-là qu'une ou deux fois, et pourtant je l'ai reconnue de suite dans son portrait. Ce n'est point la preuve d'une parfaite ressemblance : il faut que les intimes soient pleinement satisfaits; mais cela a rarement lieu, car on ne peut pas peindre plusieurs genres d'expression à la fois sur la même tête. »

§ II. — De l'air ou de la physionomie.

« La ressemblance et la grâce, dit J. Reynolds,

consistent plus à saisir l'air général de la physionomie qu'à imiter avec une exactitude servile chaque linéament en particulier. »

La preuve que ceci est vrai, c'est que tous les jours nous voyons des portraits photographiés et par conséquent dont les traits sont reproduits avec une exactitude mathématique, et qui cependant n'offrent aucune ressemblance avec l'original. Pourquoi cela? C'est parce que l'instrument qui est inintelligent n'a pu reproduire que l'expression momentanée (et presque toujours contrainte et banale) du modèle, au lieu de saisir, par-dessus tout, la physionomie habituelle qui retrace le caractère de ce même modèle. Une autre preuve que la ressemblance gît bien plutôt dans la physionomie que dans la reproduction minutieuse des traits du modèle, c'est que, quand il nous arrive de voir l'image d'une personne se réfléchir dans un miroir concave ou convexe, dit Bouvier, ce qui bouleverse les véritables proportions de son visage et de tous ses traits, nous rions de la métamorphose; mais elle ne nous empêche pas d'y reconnaître le même individu, parce que son expression perce encore à travers cette image infidèle et ridicule. Si l'exacte ressemblance ne tenait qu'à la conformation des traits et à mille détails des rides et de la peau, comment arriverait-il si fréquemment qu'un homme assez laid peut ressembler néanmoins beaucoup à sa sœur qui est fort belle, ou encore un jeune enfant nous rappeler son père, ou sa mère, ou son aïeul?

Et remarquez bien que par physionomie on ne veut pas dire seulement l'expression du visage, mais plutôt la ressemblance du type indiqué plus ou moins incomplétement par le modèle, plutôt ce que la nature a eu tendance à faire que ce qu'elle a fait réellement sur cet individu. Ce sera le moyen d'obtenir la beauté et en même temps plus de vérité. La vérité à la manière des Grecs.

Telle était aussi l'opinion de Napoléon, au dire de M. Marco de Saint-Hilaire :

« — Voyons, mon cher, disait un jour le premier consul à David, son premier peintre, quand voulez-vous faire mon portrait ?... Vous savez, le portrait en question ?

« — Dès que vous voudrez poser.

« — Poser !... à quoi bon ? reprit Napoléon qui n'avait ni le temps ni la patience de se prêter au désir du peintre. Croyez-vous, mon cher, que les grands hommes de l'antiquité, dont nous avons l'image, aient jamais posé ?

« — Ce n'est point ici la même chose : moi, je veux vous peindre, citoyen consul, pour votre siècle, pour les hommes qui vous ont vu, qui vous connaissent et qui voudront vous trouver ressemblant.

« — Ressemblant ! ajouta Napoléon en souriant; allons donc !... Ce n'est ni l'exactitude des traits du visage, ni un signe sur la joue, ni un petit pois sur le nez qui font la ressemblance, c'est le caractère de la physionomie, c'est l'expression de l'âme, c'est l'ensemble de l'individu qu'il faut chercher à représenter, voilà tout.

« — Vous avez raison, citoyen consul, répondit David avec conviction; je n'avais pas encore examiné la peinture sous ce point de vue. » (*Souvenirs intimes du temps de l'Empire*, tome I.)

« Moins il y aura de physionomie sur le modèle,

dit M. de Montabert, plus il faudra s'attacher à en rendre avec exactitude les formes et la couleur; plus il faudra s'attacher à faire ressembler par les autres caractères de la figure, et peut-être que, dans ce cas, un portrait en pied serait d'un choix plus ingénieux que la reproduction du buste seulement. »

Les personnes dont il est le plus difficile de saisir la ressemblance ne sont peut-être pas celles qui ont peu de physionomie, mais bien plutôt celles qui ont une physionomie commune à beaucoup d'autres; car alors il faut démêler bien exactement la différence, presque insensible souvent, qui caractérise le modèle, si l'on ne veut pas que son portrait soit pris pour celui d'un autre.

« Le rire, dit M. de Montabert, dont les ignorants prétendent embellir la physionomie, est presque toujours une sottise qui choque les gens de goût. » — « Un portrait qui rit, dit Diderot (*Essai sur la peinture*), est sans noblesse, sans caractère, souvent même sans vérité, et, par conséquent, une sottise. Le ris est passager. On rit par occasion, mais on n'est pas rieur par état. »

« Quel est l'observateur, dit de Montabert (ch. DXLIII), qui, ayant eu occasion de voir de nombreuses collections de tableaux réunis avec goût, n'a pas été frappé de cette gravité solennelle, de cette simplicité grande, de ce choix imposant de masses et de lignes dans les nobles portraits des Tintoretto, des Palma, des Tiziano, des Van Dyck, etc., etc. ? »

On doit éviter de faire des petites bouches par esprit de système; c'est un défaut qui se remarque généralement dans les portraits de femmes du temps de Louis XIV, où l'on affectait de reproduire cette partie du visage beaucoup plus petite que les yeux, qu'on grandissait outre mesure. On rapporte à ce sujet qu'un jour le peintre Rigaud, qui brillait à cette époque et dont le talent est justement célèbre, impatienté de ce qu'une dame, de laquelle il peignait le portrait, s'opiniâtrait à rendre sa bouche petite, bien que déjà elle l'eût naturellement telle, lui dit : « Pour peu que cela convienne à madame, je n'en mettrai pas du tout. » Je ne sais où on lit les vers suivants, faits en critique de cette pitoyable déférence :

Que l'art de peindre est beau ? Comme il est précieux !
Aux dépens de la bouche il agrandit les yeux.

On doit faire en sorte de reproduire son modèle en beau ; mais pour cela il faut que l'artiste se soit exercé depuis longtemps à voir la nature par son beau côté. S'il agissait autrement, il finirait, en effet, par offrir la laideur, croyant offrir une forte ressemblance. C'est ainsi que, sans qu'il s'en doute, il produira des caricatures, quelle que soit la nation à laquelle appartient son modèle. « En cherchant à embellir une personne dans certaines petites particularités, dit Bouvier, on n'est que juste, on n'établit même par ce moyen qu'une légère compensation en retour de mille choses agréables et avantageuses que l'on n'a pu saisir sur le modèle. » Il aurait même dû ajouter : et de mille autres désagréables dont coup le gratifient sans nécessité.

« Presque toutes les personnes qui viendront se faire peindre, dit plus loin le même auteur, vous recommanderont de ne pas les flatter ; elles vous feront même à ce sujet des raisonnements très-sensés, parce qu'en effet elles les feront de bonne foi. Mais ignorez-vous que tout le monde, sans exception, se croit mieux qu'il n'est réellement ? Je dis cela sans malignité ; c'est une vérité que le temps et l'expérience vous démontreront ; la nature l'a voulu ainsi, et c'est un bonheur. Si certaines personnes se doutaient de leur laideur ou seulement qu'elles sont loin d'être aussi bien que d'autres personnes dont elles ne peuvent pas souffrir la figure ou l'expression, elles ne voudraient plus se montrer dans le monde ; elles se rendraient malheureuses et affligeraient leurs amis.

« C'est donc un bienfait du ciel que la bonne idée que nous avons de nous-mêmes, quand ce petit ridicule n'est pas porté trop loin ; et puisque tout le monde est dans le même cas (car je n'en excepte ni les hommes ni les personnes âgées), ne vous tenez pas strictement pour obligé de suivre la recommandation qu'on vous fait de ne point du tout flatter un portrait ; croyez-moi, vous n'aurez jamais à vous en repentir.

« Qu'on ne se persuade pas néanmoins qu'on doive faire une Hébé ou une Vénus de toutes les jeunes personnes, ni un Apollon de tous les jeunes gens. La ressemblance est le premier mérite d'un portrait aux yeux du monde en général ; le second, c'est que la ressemblance soit agréable, et le troisième, que le portrait soit bien peint.

« Les peintres ne classent pas toujours leurs jugements dans le même ordre, et il faut le leur pardonner. Si les superbes portraits que nous ont laissés les Titien, les Van Dyck, les Rubens et tant d'autres célèbres peintres n'avaient eu que le mérite de la parfaite ressemblance, nous n'en ferions que peu de cas maintenant; disons mieux, leurs ouvrages ne seraient pas parvenus jusqu'à nous. Laissons donc aux grands amateurs de l'art la liberté de préférer la beauté de l'ouvrage à tout le reste; mais trouvons bon en même temps que pour les personnes vivantes, le grand nombre place avant tout le mérite d'une agréable ressemblance.

« Au surplus, il arrive bien rarement qu'une mauvaise peinture offre une ressemblance agréable; comme il faut avouer aussi qu'il faut avoir bien du tact et un talent bien souple pour conserver beaucoup de ressemblance, tout en cherchant à flatter un portrait. »

« On ne saurait trop redire aux élèves et aux amateurs, dit toujours le même auteur, d'éviter, en terminant les carnations, d'entrer dans des détails trop minutieux et insignifiants, ainsi que d'articuler ceux dans lesquels on doit entrer d'une manière large et moelleuse et sans aucune sécheresse. La raison en est que le peintre n'a vu tous ces détails sur la figure du modèle qu'à force d'y fixer sa vue et un œil scrutateur, mais qu'il n'y aurait pas pris garde s'il n'eût envisagé la personne que d'une manière générale, comme quand on fait la conversation. C'est sous ce dernier aspect qu'il faut envisager la nature. »

§ III. — Du teint.

La ressemblance par le teint s'obtient par la vérité dans le clair-obscur et le coloris.

La vérité dans le clair-obscur est très-importante,

et on en sera convaincu si l'on a remarqué qu'on a de la peine à reconnaître même des personnes qui nous sont très-familières, lorsqu'elles se trouvent éclairées par certains jours qui semblent bouleverser complétement l'ordre habituel des traits que nous connaissons.

Quant à la vérité du coloris, est-il besoin de dire que si l'on veut obtenir une ressemblance frappante, il faut imiter exactement (en beau bien entendu) le teint du modèle. Beaucoup de commençants sont très-étonnés lorsqu'ils font un portrait dont chaque partie se trouve assez fidèlement dessinée et dans de justes proportions de ne pas avoir une ressemblance même générale. Cela provient le plus souvent des tons, qui ne sont pas chacun à leur valeur et aussi du coloris, qui n'est pas naturel. Pour s'en convaincre, que l'on mette du blanc, du noir et du rouge sur la figure d'une personne, qu'on la farde, en un mot, et l'on verra quel changement produit cette opération. Voilà, cependant, l'effet que procurent certains airs colorés, certains reflets, qu'on ne choisit pas toujours avec discernement, c'est-à-dire en rapport avec la carnation de son modèle.

Quant aux fonds de ciel, que les Vénitiens et les Flamands ont toujours tenus fort obscurs et sacrifiés afin de faire ressortir tout l'éclat de la tête, qu'ils tenaient très-lumineuse, il ne faut pas craindre de suivre leur exemple et de sacrifier la vérité à la beauté.

A l'égard des dames et des enfants, il faut observer de placer, autant que possible, leurs visages presque en face de la lumière, afin que, recevant peu d'ombre, on en aperçoive mieux la fraîcheur et l'éclat.

§ IV. — De l'ajustement.

L'ajustement comprend la coiffure et l'habillement. Il doit généralement être simple ; c'est faire outrage à la nature que de la trop parer.

« La coiffure, dit M. Delaistre, ajoute beaucoup à la ressemblance; aussi doit-on, dans un portrait éviter avec soin de lui ôter son caractère le plus habituel. Un homme chauve qui, pour se faire peindre, mettrait tout exprès une perruque, sans avoir intention de la garder par la suite ; une femme qui, constamment en bonnet, se ferait coiffer en cheveux avec beaucoup de soin, deviendraient chacun méconnaissables.

« De même, pour l'habillement, rien ne serait plus absurde que de se faire peindre avec un habit neuf, puisque d'une part ce vêtement ne serait connu de personne[1], et que, de l'autre, n'ayant jamais été porté, il ne formerait aucun pli, ce qui lui donnerait l'aspect d'un habit de bois fabriqué par un tourneur ou un charron.

« On ne doit donc représenter les personnes dont

[1] Est-il bien nécessaire que le vêtement de la personne qui se fait peindre soit connu des spectateurs? Non, sans doute, tout le monde doit le comprendre ; autant vaudrait dire qu'il faut que le modèle porte constamment le même costume s'il veut être reconnu dans son portrait. Mais ce qui est indispensable, et c'est sans doute ce qu'a voulu dire M. Bouvier, c'est que le modèle ne se fasse pas peindre avec un vêtement qui n'est pas de son temps, de son âge ou de sa condition, ce qui pourrait, en effet, le rendre méconnaissable.

on fait le portrait que coiffées et habillées comme on a coutume de les voir. Si par là on perd un peu de fraîcheur, un peu de cati, en revanche on obtient plus de vérité, et la compensation tourne au profit de l'art. Je citerai à ce sujet une anecdote rapportée par ce même Diderot à qui nous avons déjà emprunté un passage. « Un homme fut consulté par sa famille sur la manière dont il voulait qu'on fît peindre son père. Celui-ci était un ouvrier en fer : « Mettez-lui, dit-il, son habit de travail, son bonnet de forge, son tablier ; que je le voie à son établi avec une lancette ou autre ouvrage à la main ; qu'il éprouve ou qu'il repasse, et surtout n'oubliez pas de lui faire mettre ses lunettes sur le nez. » Ce projet ne fut pas suivi ; on lui envoya un beau portrait de son père, en pied, avec une belle perruque, un bel habit, de beaux bas, une belle tabatière à la main. Le jeune homme, qui avait du goût et de la vérité dans le caractère, dit à sa famille en la remerciant : « Vous n'avez rien fait qui vaille, ni vous, ni le peintre ; je vous avais demandé mon père de tous les jours, et vous ne m'avez envoyé que mon père des dimanches. » Il avait raison, ce jeune homme. Il faut que chacun soit habillé suivant son habitude ; l'ajustement dans un portrait aide souvent beaucoup à le faire reconnaître[1]. »

[1] Bien que la conclusion de cette anecdote soit vraie, et que la recommandation du jeune homme soit bonne à observer dans certains cas, il ne faut pourtant pas croire qu'on soit toujours obligé de la suivre à la lettre et de représenter chaque personne avec l'habit de sa profession, surtout s'il n'a rien de bien séduisant en lui-même, car on peut avancer en principe qu'il ne faut choisir que les vêtements qui sont les plus conformes aux lois du beau ; si

Mais s'il est utile de conserver à chacun l'ajustement qui lui est ordinaire, il ne faut pourtant pas s'assujettir au mauvais goût de la mode au point de violer les lois de la beauté, et il faut songer qu'un portrait doit être beau dans tous les temps. Cependant il ne faudrait pas non plus apporter de telles modifications au costume qu'il ait l'air d'un déguisement. En effet, ne voit-on pas tous les jours qu'un homme a de la peine à être reconnu par ses amis, et ne l'est même pas du tout par les personnes qui lui sont moins familières, lorsqu'il change considérablement la manière de se vêtir? Or, n'aurait-on pas tort de se plaindre si un tel portrait n'était pas reconnu quand on le serait à peine soi-même sous un pareil déguisement?

Les étoffes bariolées et à fleurs sont rarement d'un bon goût en peinture; les nombreux détails qu'elles comportent nuisent non-seulement à l'effet général, et par conséquent à la tête, mais en outre à l'intelligence des plis. Ce papillotage de fleurs, de raies ou de mouches attire l'œil et rompt la belle simplicité d'une étoffe unie.

« L'on recommande en général, dit Bouvier, de ne pas mettre trop d'importance aux draperies, non plus qu'à toutes les autres parties accessoires, et l'on a raison; parceque des soins trop minutieux dans ces choses détournent l'attention du spectateur, et font paraître la tête et les autres parties des chairs moins achevées. Cependant, on ne veut pas dire par là qu'il

l'on peut quelquefois violer en partie cette règle, ce ne doit être que pour obtenir une plus forte ressemblance et aussi pour se conformer aux désirs de la famille.

faut les traiter avec négligence, mais bien d'une manière large et spirituelle, qui ne caractérise que ce qui mérite de l'être. On n'est donc pas dispensé de traiter les accessoires avec quelque soin ; mais on doit s'attacher simplement à rendre l'esprit de la chose, sans pâlir dessus longtemps, ce qui demande beaucoup de goût et de tact ; en sorte que l'ensemble satisfasse la vue, quoique fait librement et à peu de frais. » « On ne saurait demander, dit M. de Montabert (ch. 99 des *Limites de la peinture*), que tout le tableau fasse illusion, ni que l'intérêt soit également réparti sur tous les objets. Et comme l'objet le plus susceptible d'illusion est rarement le plus intéressant, et que l'homme est cet objet le plus intéressant et le plus difficile à représenter avec illusion, il résulte que plus les accessoires seront vrais, moins la figure paraîtra telle ; que plus les boutons de cet habit et cette épaulette feront illusion, plus les yeux de ce portrait paraîtront morts, inanimés et sans vérité. Or, pour que les yeux paraissent vivants, il est à croire que cette épaulette doit être un peu moins vraie dans l'imitation. »

VI

POLITIQUE ARTISTIQUE A L'ÉGARD DES FAUX CONNAISSEURS

Nous empruntons à M. Delaistre (*Traité de peinture*) les lignes suivantes sur la conduite que l'artiste doit suivre quand il est obligé de soumettre son œuvre à la critique des faux connaisseurs.

« Pour qu'un portrait soit réputé bon, dit-il, ce n'est pas assez qu'il réunisse toutes les qualités requises, artistiquement parlant; il faut encore que celui qui l'a fait ait l'adresse d'en faire ressortir le mérite. Et d'abord nous dirons qu'il est indispensable de ne jamais montrer son ébauche, excepté pourtant aux artistes qui sont nos amis et aux vrais connaisseurs, parce que d'eux seuls on peut attendre de bons conseils. Cette règle devrait même être observée jusqu'à ce que l'ouvrage soit entièrement terminé et verni; je dirai plus, jusqu'à ce qu'il soit placé dans sa bordure.

« Si, cependant, comme il peut arriver, par quelques considérations particulières, on se trouvait dans la nécessité de déroger à ce principe, et qu'il fallût absolument laisser voir son travail à des personnes étrangères aux beaux-arts et au bon goût, alors il serait essentiel de ne leur demander aucun avis, surtout si le modèle était là, attendu que quelque bien que soit un portrait, il ne peut jamais soutenir avec avantage le parallèle de la nature. Mais comme on doit tout prévoir, s'il arrivait également, par hasard, que ces personnes s'avisassent d'elles-mêmes de vous dire leur sentiment, il faudrait adroitement vous empresser d'attirer leur attention sur autre chose, et au cas où cela deviendrait impossible, vous justifier toujours, en les assurant que votre ouvrage n'est pas encore terminé, et que leurs observations sont infiniment justes. Par ce moyen, tout en paraissant témoigner beaucoup de déférence à leurs jugements, vous éviteriez de rien changer, ou, si l'on demandait peu de chose, vous feriez semblant de le retoucher sous leurs yeux, ce qui, tout en flattant leur amour-propre, leur donnerait de votre facilité et de votre talent la plus haute estime. De Piles (auquel nous avons emprunté le fond de la plus grande partie de cet article) rapporte à ce sujet une anecdote qu'il a lui-même puisée dans Vasari ; et comme nous sommes en train de causer, nous nous permettrons aussi de vous la dire.

« Le pape était allé dans l'atelier de Michel-Ange pour y voir une statue de marbre que cet artiste venait de terminer, et, d'ailleurs, n'était pas grand connaisseur en matière d'art. Après avoir considéré quelque temps cette statue, il se retourna vers son maître de chambre pour lui demander tout bas ce qu'il en pensait; celui-ci, qui n'en savait pas davantage, ayant répondu, bas également, que le nez était trop gros, le pontife se hâta de répéter cette critique comme étant de lui-même. On pense bien qu'il ne fut pas difficile au statuaire de s'apercevoir de ce petit manége. Aussi, loin de chercher à défendre le nez de sa figure, s'empressa-t-il, au contraire, de reconnaître la justesse de l'observation, assurant, de plus, que c'était peu de chose, et qu'il allait avoir l'honneur de rectifier l'erreur en présence de Sa Sainteté. Aussitôt, ayant pris d'une main son marteau et de l'autre son ciseau, ainsi qu'un peu de poussière de marbre, il se mit à l'œuvre, se gardant bien, comme on juge, de toucher en rien au nez en question, et se bornant simplement à frapper sur son ciseau, puis à laisser tomber à chaque coup une partie de la poudre qu'il avait préalablement ramassée. Enfin, lorsqu'il supposa avoir assez cogné et répandu de poussière de marbre pour inspirer la confiance à ses spectateurs, se retournant vers le pape, il lui dit :

Adesso, Santissimo Padre, che gliene pare? (Que vous en semble, Saint Père, trouvez-vous qu'il soit mieux?) A quoi le Saint Père répondit : *O signor Michel-Angelo, gli avete dato la vita!* (Oh! seigneur Michel-Ange, vous lui avez donné la vie.)

Pour donner plus de poids à cette petite anecdote, dont, à part le côté amusant, on trouve facilement le but moral, nous pourrions encore rappeler ici les joueurs de dés de Polyclète, si nous ne craignions de fatiguer le lecteur par des redites. Mais quel que soit notre désir de ne pas nous étendre davantage, nous ne saurions résister à raconter un trait de plus, pour caractériser d'autant mieux le ridicule des faux connaisseurs. « Un jour, le célèbre violon Jarnowick, cet homme extraordinaire, rival de Viotti, dirigeait à Londres un brillant concert auquel assistaient les personnages les plus riches et les plus famés de la Grande-Bretagne. Ce virtuose, s'apercevant que, malgré ses efforts et ceux des concertants, il ne pouvait parvenir à exciter que l'ennui, positivement exprimé par les nombreux bâillements de son auditoire, s'avisa, dit-on, d'un expédient bizarre, dont le succès néanmoins dépassa à coup sûr de beaucoup ses espérances. Au moment de commencer un *adagio*, il fit un signe, et, rompant brusquement toute mesure, exécuta seul l'air si connu et si pitoyable : *J'ai du bon tabac dans ma tabatière*, mais il le joua avec tant de prestesse et tellement en *rinforzando*, que ses auditeurs émerveillés parvinrent à un si violent enthousiasme que, lorsqu'il eut fini, ils s'élancèrent vers lui et le portèrent en triomphe jusqu'à sa demeure... » Qui avait remporté la victoire? Était-ce le talent de Jarnowick? non! mais bien sa présence d'esprit qui, lui ayant fait juger aussitôt la portée de ses auditeurs, lui avait aussi suggéré le moyen de sauver sa réputation un instant compromise, et de recueillir des éloges à l'aide d'une épigramme.

« On voit par tout ce qui vient d'être dit combien l'artiste doit, en général, peu compter sur les avis de ceux qui ne connaissent rien aux arts, et jusqu'à quel point il doit avoir l'air de se soumettre aux conseils qui ne lui sont pas donnés par d'habiles connaisseurs ou de francs praticiens; combien même il doit peu compter sur la valeur des éloges qui lui sont donnés au hasard par des gens ignorants. »

Mais si le plus souvent il faut faire peu de cas des critiques que font les spectateurs étrangers aux beaux-arts, il en est cependant qu'il ne faut pas tout à fait dédaigner, surtout quand elles sont adressées par des personnes sans prétention et de bonne foi, car elles ne leur sont ordinairement dictées que par la force de la vérité. « Connaissant leur propre ignorance, dit Bouvier, elles ne se hasardent pas volontiers à faire des critiques qui les exposeraient peut-être à la raillerie des assistants; ce n'est donc que lorsque une chose les frappe désagréablement qu'elles se laissent aller naïvement à dire leur pensée. »

Il n'est pas rare d'entendre des personnes se récrier et se plaindre, en voyant leur portrait, de ce qu'on leur a mis de la saleté sur la figure, quand le peintre n'a pas su rendre les ombres qui paraissent autant de taches, au lieu de ressembler à de la chair plus ou moins privée du jour direct du ciel. « Pourquoi, dit toujours M. Bouvier, n'a-t-on jamais entendu dire à un enfant ou à la personne la plus ignorante que les ombres d'un visage ou de tel autre objet dans la nature ressemblassent à des taches de malpropreté, quoique souvent ces ombres portent des teintes extrêmement décomposées, relativement à la teinte locale? C'est que le tout est vrai, en harmonie et d'accord avec les lois immuables de la nature. D'après ces observations, il n'est pas aussi ridicule qu'on le croit d'entendre dire, par exemple, à une personne qui ignore l'art de la peinture : Pourquoi a-t-on mis du tabac sous le nez dans le portrait de cette personne? Elle ne prise pas. Les jeunes artistes ne reçoivent ordinairement les critiques de ce genre qu'avec un sourire de pitié et en haussant les épaules. Je pense qu'ils ont grand tort; ils agiraient beaucoup plus sagement en mettant à profit un avis donné ingénument par une personne sans préjugés et qui rend compte simplement de la sensation qu'elle éprouve. N'est-il pas évident que si le peintre eût fait cette ombre d'un ton plus juste, le spectateur ne l'aurait pas plus remarquée dans le tableau qu'il ne la remarque journellement dans la nature même?

« Mais en revanche, je me méfie beaucoup plus des observations des demi-connaisseurs; ils brûlent en général du désir de faire étalage des connaissances superficielles qu'ils peuvent avoir; ils tranchent et jugent à tort et à travers (j'en excepte ceux qui sont doués d'un tact exquis et d'un jugement très-sain); ils ne débitent guère qu'une collection de lieux communs et de termes techniques dont ils ont meublé leur mémoire; ce fatras scientifique, qu'ils mettent à la place du vrai savoir, éteint peut-être en eux un esprit libre de tous préjugés, qui les eût probablement mieux servis s'ils n'eussent point eu la prétention de paraître connaisseurs. »

TABLE ANALYTIQUE

PREMIÈRE PARTIE.

DEUXIÈME PARTIE.

TROISIÈME PARTIE.

QUATRIÈME PARTIE.

CINQUIÈME PARTIE.

FIN DE LA TABLE.

Paris. — Imprimerie de P.-A. BOURDIER et Cie, 30, rue Mazarine.

www.ingramcontent.com/pod-product-compliance
Ingram Content Group UK Ltd.
Pitfield, Milton Keynes, MK11 3LW, UK
UKHW022014170726
13837UKWH00001B/181

9 782329 407678